Rentner dürfen nicht ärmer werden

Lutz Osterwald

Mit einem Beitrag von **Christa Meves**

Rentner dürfen nicht ärmer werden

Krisenbewältigungen für jung und alt

Bibliografische Information der Deutschen Nationalbibliothek:
Die Deutsche Nationalbibliothek verzeichnet diese Publikation in der
Deutschen Nationalbibliografie; detaillierte bibliografische Daten sind im
Internet über < http://dnb.d-nb.de > abrufbar.

© 2008 Lutz Osterwald
Fotos: Hildegard Wegner
Satz, Umschlagdesign, Herstellung und Verlag:
Books on Demand GmbH, Norderstedt
ISBN: 978-3-8334-7565-8

Inhaltsverzeichnis

Trotzdem sage ich: »Macht doch den Quatsch«. Oder lasst euch etwas Besseres für die Renten einfallen.

Meine erste Forderung ist eine <u>»Sonderabgabe Rentner«</u> <u>(SAR)</u> auf alle im Inland maschinell erstellten Produkte für die Anpassung der Renten. Vielleicht auch und eventuell differenziert auf die Importe. Dagegen sollen die Exporte befreit sein. Weil alle, auch die Rentner, etwas mehr belastet würden, kann nicht von Ungerechtigkeit gesprochen werden.

Meine zweite wichtige Forderung ist die Einführung einer <u>kapitalgedeckten Rente für a l l e</u>. Während viele, meist standesrechtliche, Versorgungswerke, ihr Vermögen über Jahrzehnte aufbauen konnten, war dies für die öffentlichen Versorgungen aus verschiedenen Gründen nicht möglich. Darum soll das Vermögen, das dem Volk gehört, die Kapitaldeckung für alle werden. Es soll nur noch beschränkt privatisiert werden dürfen.

Die dritte Forderung ist, die <u>Erträge aus dem Vermögen des</u> <u>Volkes</u> zur Rentenanpassung zu verwenden. Weil alle einmal Rentner werden, wird dadurch niemandem etwas weggenommen.

Wenn nichts sicher ist, so ist eines doch sicher: Alle sind Rentner oder werden eines Tages Rentner sein. Darum ist es sinnlos, den Rentnern Ausbeutung vorzuwerfen oder, wie ich es immer wieder höre, dem Rentensystem zu misstrauen und nach Wegen zu suchen, keine Sozialbeiträge mehr abzuführen. Für alle, die Alten und die Jungen, muss eine praktikable Lösung gefunden werden.

Meine Ausführungen werden Wege zeigen, durch die vermieden werden kann, dass die Rentner, nicht nur die heutigen, sondern viel mehr noch die jetzt jungen Menschen, zum Spielball der Kräfte werden, weil sie sich angeblich nicht wehren können. Sie können es. Und sie täten es mit Recht!

Es wäre schlimm, wenn man den unzufriedenen Rentnern nur die Alternative mancher Politiker ließe, deren Forderungen

im Wesentlichen durch eine - historisch längst gescheiterte –
Umverteilung von reich zu arm durchgesetzt werden sollen.

Ich gebe Denkanstöße, ich fordere Gerechtigkeit und ich
fordere Fairness. Ich bitte um Unterstützung durch alle, die
schon Rentner sind oder es einmal sein werden. Ich bitte um
Weiterführung und Perfektionierung meiner Vorschläge durch
die Experten im Rentenwesen. Ich bitte auch, die immer ver-
zweifeltere Lage der »Pflegefälle« nicht zu vergessen.

B. 3. Berechnungen

Die folgenden Berechnungen beruhen zum Teil auf Informati-
onen aus dem Internet, die nicht ganz übereinstimmen.

Ich habe berücksichtigt, dass die Zinsen in der Vergangenheit unterschiedlich hoch waren. Zeitweise waren sie nied-
riger als heute und manchmal sogar zweistellig hoch, und
dass die Einzahlungen für die Rente früher als Summe kleiner,
aber im Wert relativ höher waren. Der Gegenwert für eine
DM bzw. einen Euro war früher höher als heute. So kostete
beispielsweise ein Mittelklassewagen in den 60ern um 8.000
DM, heute kann man fast das 10-fache dafür hinlegen. 1963
betrug der Bundeshaushalt etwa 63 Milliarden DM, in 2005
ca. 254 Milliarden Euro, etwa das achtfache. Zahlte in jener
Zeit ein Arbeitnehmer mit Arbeitgeberanteil 100 DM ein, so
entspräche das heutigen 400 Euro.

Ich entsinne mich an gute Mittagessen in dieser Zeit für 1,80
DM oder an den Preis von 6 Pfennig für ein Brötchen.

Das statistische Jahreseinkommen der Bundesbürger beträgt
brutto 29.230 Euro jährlich (in 2003), monatlich knapp 2.500
Euro. Dementsprechend führt der Pflichtversicherte im Durch-
schnitt monatlich mit Arbeitgeberanteil rund 500 Euro bzw.

6.000 Euro jährlich für die gesetzliche Rentenversicherung ab. Er hat dann in 40 Jahren insgesamt 240.000 Euro eingezahlt. Für diesen Betrag kann er eine monatliche Rente nach einer Lebensarbeitszeit von 40 Jahren von etwas mehr als 1.050 Euro (Westdeutschland) erwarten. Bei einer Bezugszeit von ca. 15 Jahren (Frauen ca. 19,5) kämen, ohne Rentenanpassung, insgesamt 189.000 (Frauen 245.700) zur Auszahlung. Eine Verzinsung von Restguthaben oder gar eine Abfindung entfällt.

Eine Anfrage bei einer Lebensversicherung ergab, dass nach 40 Jahren unter der Prämisse von 2,25% Verzinsung und monatlicher Einzahlung von 500 Euro 331.490 Euro ausbezahlt werden könnten.

Bei 3,25% 455.585
bei 4,25% 607.490
und bei 5,25% sogar 807.465 Euro.

Dabei ist das Risiko des vorzeitigen Todes zusätzlich abgesichert!

Die entsprechenden Werte der Lebensversicherung bei einer Verrentung: Minimal 1.369 Euro monatlich,

bei 3,25 % Verzinsung 2.240 Euro,
bei 4,25% 3.552 Euro
und bei 5,25% Verzinsung 5.423 Euro monatlich.
3,25% sind aus heutiger Sicht realistisch.

Eine andere Lebensversicherung errechnet bei 4,25% Verzinsung 609.985 Euro nach 40 Jahren, auf etwa die gleiche Summe komme ich auch.

Nun hat nicht jeder 500 Euro pro Monat eingezahlt. Vielleicht nur 250 Euro. Dann hätte er nach 40 Jahren 120.000 Euro angespart. Gut 500 Euro Rente pro Monat stünden ihm zu.

Eine Sparkasse legte mir einen Vorschlag vor, nach 25 (!) Jahren monatlicher Einzahlung von 500 Euro, das entspricht 6.000 Euro pro Jahr, 244.500 Euro auszahlen zu können. Für fast den gleichen Betrag benötigt die Rentenanstalt 15 Jahre mehr.

Eine schöne Sendung heißt: »Das weiß doch jedes Kind«. Dieses vielleicht nicht. Aber die Experten wissen es, sagen es vielleicht sogar. Aber wem? Bestimmt nicht den Rentnern. Bisher!

Im Gegenteil: eine große deutsche Tageszeitung berichtete am 11.03.08, die Uni Bayreuth habe errechnet, die Rentner bekämen bis zu 250.000 Euro pro Rentner zu viel. Meine Berechnungen beweisen das Gegenteil.

Weiter heißt es unter Bezug auf einen renommierten Wissenschaftler »Die Politik hat in den letzten Jahren mit Reformen reagiert, die Kaufkraft der Rentner sinkt zügig«. Ja, das merken wir. Die »Nullrunden« waren ein »harte Nuss«. Die wiederholt ausgesprochenen Warnungen von unterschiedlicher Seite vor einer Rentenerhöhung von 1,1 % sind ein Schlag ins Gesicht. Nullrunden sind auch für die noch im Erwerbsleben stehenden Beitragszahler ein Problem. Denn ihre zu erwartende Rente ist in 40 Jahren viel weniger wert, wenn die Renten nicht ausreichend steigen.

Schon eine um zwei Prozentpunkte geringere Rentenanpassung als die Inflationsrate führt dazu, dass sich der Wert der Rente nach einem 40jährigen Arbeitsleben halbiert. Ist die Inflationsrate zum Beispiel 3,1 % und die Rentenanpassung 1,1 %, so ist eine Rente von 1000 Euro nach 40 Jahren nur noch 500 Euro wert. Der junge Mensch verliert also mehr als der alte, weil dieser in den ihm verbleibenden Jahren kaum 20% einbüßt.

B. 4. Sonderabgabe Rentner (SAR)

Werden nun alle betrogen? Nein. Das wäre schrecklich, und es ist auch nicht so. Die Deutsche Rentenversicherung (früher BfA etc.) kann durch ihre Struktur nämlich keine Zinsen erwirtschaften, und sie kann die Wertminderung des Geldes nicht auffangen.

Das können die durch Kapital gedeckten Versicherungen schon eher. Außerdem musste die Deutsche Rentenversicherung die Renten für die Nachkriegsrentner aufbringen, ohne Eigenkapital zu haben. Das Gleiche gilt für die Übernahme der Rentenzahlungen für die Ostdeutschen und all derer, die als Aussiedler zu uns kamen.

Die meisten Rentner leben derzeit noch nicht ganz schlecht, allerdings deutlich schlechter als vor 10 oder 20 Jahren. Was sie verbrauchen, also für Essen und Trinken, Freizeit- und Feriengestaltung, Wohnen, Gesundheitskosten, Pflege und was es sonst so gibt, steht ihnen mehr oder weniger gut zur Verfügung. Der heutige Rentner kann die Früchte seiner Lebensarbeit noch genießen. Mit Recht. Er könnte, wenn er noch rüstig ist und es möchte, vielleicht sogar selbst noch etwas beitragen: Helfen beim Lernen von Lesen und Schreiben, Vertretungen oder sogar richtig arbeiten wie viele Unternehmer, Ärzte, Ehrenamtliche, besonders Spitzenpolitiker und Seelsorger. Einer meiner Patienten ist katholischer Pfarrer und arbeitet mit 92 Jahren noch beinahe vollzeitig.

Es ist überhaupt nicht einzusehen, warum unsere Kinder und Enkel im Alter - unter Hinweis auf die demografische Entwicklung - schlechter dastehen sollen als wir jetzigen Rentner und sie in der Zukunft immer weniger zur Verfügung haben sollen. Das Beklagen der auf dem Kopf stehenden demografischen Pyramide ist aus Sicht der Erhaltung der Deutschen vielleicht richtig, aus der Sicht der Rentenversorgung schlicht falsch. Arbeitsplätze werden immer weniger. Sie werden aber immer produktiver. Diese Produktivität wird erreicht durch technische Hilfsmittel. Deshalb können tätige Menschen zahlenmäßig weniger werden, das Gleiche wird erwirtschaftet werden. Gleichen die Maschinen die geringere Anzahl von Beitragszahlern aus, können diese Maschinen auch die Beiträge übernehmen in Form einer Sonderabgabe Rentner (SAR) auf den Verkaufspreis. Der soll den Rentnern zugute kommen. Es ist gerecht, weil die SAR von allen, den Erwerbstätigen und auch den Rentnern, bezahlt wird.

Dazu ein Zitat aus der »Welt« vom 28.02.08: » BMW streicht in diesem Jahr 8.100 seiner 108. 000 weltweiten Arbeitsplätze.. ... Der Stellenabbau ist zudem auch eine Folge des Produktivitätszuwachses bei BMW, der bei fünf bis 10 Prozent pro Jahr liegt. Auch in Zukunft streben wir einen Wert von jährlich mindestens 5% an«.

Wenn wir weiter solche Geburtenraten hätten wie in den 60-ern, wäre das eine Katastrophe. So aber haben die jungen Leute bald keine Probleme mehr, Arbeitsplätze zu finden. Mit neuen Immigranten sollten wir also zurückhaltend sein, die bisherigen aber mit Respekt akzeptieren. Wie diese natürlich auch uns.

Unter dem Strich steht die Frage, ob die Vorstellungen Bismarcks zur Sozialversicherung heute noch richtig sind, weil die Grundlagen unserer Zeit völlig anders sind: Automatisierung und Globalisierung.

Während die Vergangenheit nicht zu ändern ist, muss es in Zukunft nicht so weitergehen. Die Rentner müssen nicht devot und untertänig voller Dankbarkeit nicken. Sie müssen allerdings dieses schwer verständliche Missverhältnis hinnehmen, solange keine Lösung für die Zukunft gefunden wird.

Was tun?

Wenn es schon - relativ - zu wenige Erwerbstätige gibt, so ist zu fragen: Brauchen wir denn überhaupt so viele? Das zum Leben Nötige kann und wird entweder im Ausland gekauft oder zunehmend von Maschinen produziert. Das Sozialprodukt hängt also nicht allein von Menschen ab, sondern von mannigfaltigen technischen Hilfsmitteln. Also müssten diese Hilfsmittel, die als Ersatz für die nicht mehr gebrauchten Menschen »tätig« sind, die ausgefallenen Beiträge zur Altersicherung erbringen. Das gleicht aus, dass die traditionellen Einzahler in das Rentensystem immer weniger werden. Sie können nicht noch mehr belastet werden.

Meinem Vorschlag eines Zuschlages auf maschinell hergestellte Waren (SAR) für längst fällige Rentenerhöhungen wird widersprochen werden. Diejenigen, die dies tun, fordere ich auf, zu beantworten, was in der letzten Konsequenz geschehen soll, wenn in naher Zukunft fast alles durch Roboter erstellt wird. Sollen dann die Wenigen, die nicht ersetzt werden können, mit ihren Beiträgen für alles aufkommen?

Den Verlust an Nachwuchs sollen Immigranten ausgleichen können. Diese aber werden wahrscheinlich, ebenso wie alle anderen zukünftigen Beitragszahler, nicht begeistert sein, für Rentner zu zahlen und sich nach Möglichkeit davor drücken.

Sie wären durch das Gesetz verpflichtet, hofft der Rentner. Aber Gesetze können geändert werden, wenn entsprechende Mehrheiten zusammen kommen.

Die jetzt noch besetzten Arbeitsplätze werden immer noch teilweise abgebaut und Produktionen in das Ausland verlagert. Die derzeitig nominal steigende Zahl an neuen Arbeitsplätzen ist zu einem großen Teil unproduktiv, z.B. in Verwaltung und Statistik angesiedelt und, was noch viel schlimmer ist, sie sind inhaltlich nicht mit alten soliden Arbeitsplätzen zu vergleichen: Zeitarbeit, kurzfristige Anstellungen, möglichst minimale Bezahlung. Die Renteneinzahlungen sind entsprechend gering.

Dabei hat sich die Bevölkerungszahl insgesamt kaum verändert. Sie wird eher sogar kleiner. Für die Gesamtheit der Menschen in Deutschland steht demnach noch das Gleiche an Gütern zur Verfügung wie bisher, wahrscheinlich sogar mehr. Nur dass die größte Gruppe des Volkes, die Rentner, nicht daran teilhat. Das beklagen die Parteien, haben aber keine reale Lösung. Sie diskutieren und weisen manchmal auf das immer weitere Auseinanderklaffen der »Schere« zwischen arm und reich hin. Außer Walter Riester hat niemand Nägel mit Köpfen gemacht. Aber auch die »Riesterrente« ist eine zusätzliche Abgabe. Und sie ist nicht unumstritten, weil die staatlichen Zuschüsse zum Teil von denen mitbezahlt werden, die nicht »riestern« können. Ähnliches gilt für die «Rürup Rente«. Die SAR zahlen dagegen wirklich ALLE, und ALLEN käme sie zugute.

Es ist, als ob die einen hoffen, dass keiner etwas merkt, die anderen schlicht resignieren. Bis es zum Eklat kommt.

B. 5. Lohnerhöhungen und Kaufkraft

»Rentner haben immer weniger Geld«, hallt es landauf - landab. Wir wussten es schon lange.

Durch Lohnerhöhungen wird das Missverhältnis zwischen Löhnen und Renten weiter dramatisch vergrößert. Jede Lohnerhöhung führt zwangsläufig zu Preissteigerungen. Diese können von denen, die mehr Lohn bekommen, verkraftet werden, nicht aber von den Rentnern, die bestenfalls jeweils einen Bruchteil des Zuwachses erhalten. Jeder, der noch arbeitet und Beiträge zahlt und nachdenkt, sollte wissen, dass diese Entwertung der Renten eines Tages auch ihn persönlich trifft. Aber dieses Wissen wird verdrängt.

Die Kaufkraft der Rentner sei im Jahre 2007 um 1,93 % gesunken, heißt es. Wie wird das berechnet? Doch aus dem zur Verfügung stehenden Geld und den Lebenshaltungskosten, die angeblich zwischen 2 und 3% gestiegen sind.

Das den Rentnern zur Verfügung stehende Geld ist seit Jahren stets wertmäßig weniger geworden.

Die Lebenshaltungskosten errechnen sich aus dem Warenkorb.

Ich habe 10 Leute wahllos befragt, was der Warenkorb ist. Keiner wusste es genau. Man kann es allerdings im Internet unter Warenkorb bei Google nachlesen. Da stehen komplizierte Formeln, die die Fakten schwer verständlich wiedergeben. Da ist die Aufteilung der Waren des Warenkorbes schon übersichtlicher. Und siehe da: Lebensmittel machen darin exakt 10,3% aus. Wenn also die Preise für Lebensmittel zum Beispiel um 5% steigen, so kann verkündet werden, die Lebenshaltungskosten seien um 0,5% gestiegen. Tatsächlich sind 5% für 2007 realistisch.

Je knapper ein Haushaltsgeld ist, umso mehr wird für Lebensmittel prozentual ausgegeben, der Anteil kann bis zu 30% steigen. Dann sind die Lebenshaltungskosten allein durch die Lebensmittel um 1,5% gestiegen. Dazu kommt alles andere: Öl mehr als 20% - und hier hat der schwache Dollar Schlimmeres verhütet - Strom, Fahrkarten und schließlich die Bildung. Nicht zu vergessen die Krankenkassen und - ich führe nicht alles auf. Unter 5% ist fast nichts gestiegen.

Das zwangsläufig sparsame Rentnerpaar, das wenig Geld zur Verfügung hat, wundert sich. Die beiden fragen sich auch, warum sie, die ihre drei Kinder großgezogen haben und somit nicht doppelt verdienen konnten, von nur einer Rente leben müssen. Denn eine Rente für das Großziehen von Kindern gibt erst ab 5 Kindern. Kaum mehr als 160 Euro! Die Doppelverdiener in der Nachbarschaft, die keine Kinder hatten, können sich über zwei Renten freuen. Andere haben Zusatzrenten vom Betrieb oder vom Staat, letztere in zum Teil grotesker Höhe.

Nun gilt es als gegeben, dass es immer mehr Rentner gibt, die von dem Erwirtschafteten der Erwerbstätigen leben müssen. Letztere werden aus demografischen Gründen weniger. Darum gibt es, wenn die derzeitigen Voraussetzungen nicht verändert werden, keine Möglichkeit, die Kaufkraft der Rentner zu erhalten oder zu erhöhen. Das muss klar gesagt werden und wurde auch immer wieder gesagt.

B. 6. Kapitalgedeckte Rente und Erträge

Im Folgenden lege ich das zu Beginn dieses Kapitels angekündigte Konzept vor, das ich in meinem Buch »Wir können doch etwas tun« zur Sicherung der Altervorsorge erstmals als Idee vorgestellt habe. Darin habe ich mir etwas ausgedacht, was vermeiden kann, dass die Rentner, nicht nur die heutigen, sondern viel mehr noch die jetzt jungen Menschen, zum Spielball der Willkür werden. Das wird im Folgenden genauer ausgeführt:

Um den Rentnern nicht nur ein Stück Papier oder eine gesetzliche Regelung, die jederzeit umgestoßen werden kann, an die Hand zu geben, stelle ich mir eine virtuelle und doch reale Absicherung vor, ähnlich derjenigen der standesrechtlichen Ärzteversorgung. Dort stehen z. B. Immobilien den notwendigen Rentenzahlungen gegenüber.

Während Rentenzahlungen der Deutschen Rentenversicherung (früher BfA etc.) ausschließlich über den Generationenvertrag geleistet werden, quasi von der Hand in den Mund, sind standesrechtliche Versicherungen zusätzlich kapitalge deckt. Das heißt, ein Teil der Zahlungen erfolgt aus Erlösen, z.B. Hausmieten.

Die Mehrzahl der Rentner hat so etwas nicht. Ich fordere eine solche Sicherung ein. Dabei beziehe ich mich auf das Grundgesetz: Alle Menschen sind vor dem Gesetz gleich (Artikel 3) und haben gleiche Rechte und Pflichten (Artikel 33). Diese Gleichstellung in Bezug auf eine Kapitaldeckung will ich erreichen. Begründung: die geleisteten Beiträge beider Gruppierungen sind die gleichen, bieten aber ungleiche Absicherungen.

An die Stelle der Immobilien in der Ärzteversorgung soll das Staatseigentum für diejenigen Rentner treten, die keine kapitalgedeckte Absicherung haben. Ihnen wird formal das Volkseigentum übertragen. Zwar nur formal und ohne eigenes Zugriffsrecht. Aber es steht als Sicherheit für die Renten zur Verfügung.

Das Volkseigentum, also all das, was allen gehört, setzt sich zusammen aus staatlichem Grund und Boden, Stränden, Gewässern und Wasser, Wäldern, staatseigenen Firmen und der Bahn, den Autobahnen und der Wasser- und Sonnenkraft, um die wesentlichen Werte zu nennen.

Die Renten sollen in Zukunft wie bisher aus Beitragszahlungen der Erwerbstätigen u n d aus den Erträgen des Volkseigentums gezahlt werden. Dazu werden nicht nur die Renditen, die schon vorhanden sind, genutzt, sondern das Volkseigentum wird rentabel gemacht. Das heißt, auch bisher nicht einbezogene Beträge werden in die Einnahmen einbezogen. Hier sei das Wasser genannt, das nach den Plänen einiger Politiker ohnehin demnächst extra besteuert werden soll.

Die Renditen bringen alle auf, auch die Rentner.

B. 7. Erträge am Beispiel der Autobahnen

Wir unterstellen, die Autobahnen sind virtuell zum Eigentum der Rentner geworden und in die Kapitaldeckung eingebracht. Dieses Kapital soll nun von den Beitragszahlern nach und nach erworben werden. Das geschieht, indem ein bestimmter Betrag, aus den Beitragszahlungen, die natürlich dadurch nicht steigen dürfen, an die Deutsche Rentenanstalt als Erwerb von Autobahnanteilen deklariert wird. Nach und nach geht so der virtuelle Besitz der Autobahn von den Rentnern auf die Erwerbstätigen über. Werden diese selbst Rentner, wird auch ihnen ihr Anteil nach und nach abgekauft.

Durch diese Maßnahmen steigen die Renten zunächst nicht. Aber sie sind nun wirklich sicher, weil ihnen ein fester Wert gegenüber steht, der sich steigern kann. Steigerungen kommen den Rentnern zugute.

Die Erhebung einer Maut auch für Personenwagen wird zwar immer wieder dementiert. Nach unseren Erfahrungen aus der Vergangenheit ist sie allerdings vermutlich bereits vorbereitet. Es ist nur eine Frage der Zeit, bis sie eingeführt wird. Sie soll aber nicht der Finanzierung irgendwelcher Staatsausgaben, sondern der Sicherung und Anpassung der Renten dienen.

Unabhängig vom virtuellen Erwerb von Autobahnanteilen, der lediglich der Kapitaldeckung dient, würde dann jeder Erwerbstätige und jeder Rentner eine einheitliche oder gestaffelte Mautgebühr bezahlen, wenn er die Autobahn benutzt.

Der Name »Mautgebühr« sollte nicht mehr benutzt werden, weil er sich nur auf die Autobahn und nicht auf die übrigen Einnahmen aus dem Volkseigentum bezieht. Ich würde den Namen »Altersicherungsgebühr« vorschlagen, kurz ASG.

Die ASG (früher Maut) wird zur zusätzlichen Abgabe. Sie wird von allen, auch den Rentnern, abgeführt. Die Erträge werden

den Rentnern gutgeschrieben und stehen für die Rentenerhöhungen zur Verfügung. Die regulären Renteneinzahlungen, die Sonderabgabe Rentner (SAR) und die ASG werden bei der Deutschen Rentenversicherung zusammengeführt und verwaltet.

Um es noch einmal zu verdeutlichen: Die Erwerbstätigen erwerben Anteile an einem Wert, in diesem Falle der Autobahn, um sie später, bei eigenem Rentenbezug, wiederum an die nächste Generation abzugeben. Wer nicht Auto fährt, erwirbt mit einem Teil seiner Rentenzahlung andere Werte. Denn auch anderes Volksvermögen wirft Renditen ab, wie z.B. die Bahn, die ihre Gewinne hoffentlich nicht an anonyme Leute nach einer Privatisierung verteilt, sondern an die Rentner. Das gleiche gilt für Gewinne aus anderen gemeinsamen Vermögen, zum Beispiel an VW oder der Bundesbank.

Bei einer Privatisierung wird vergessen, dass die ursprünglich akzeptable Idee war, unrentables Staatseigentum an P r i v a t e zu geben und nicht an anonyme Investmentgruppen oder gar an andere Staaten. Letztere haben bestimmt nur den eigenen Vorteil im Auge. Darum muss jegliche Privatisierung, die nicht dem Wortsinn entspricht, gestoppt werden.

Es bleibt die Frage, ob auch jene, die nicht in der Deutschen Rentenversicherung versichert sind, in die neuen Absicherungen einbezogen werden können oder wollen und wie dies geschehen kann.

Wer nichts oder kaum etwas eingezahlt hat, fällt wie auch jetzt, der Staatskasse zur Last.

Was soll mit diesen Maßnahmen erreicht werden? Die Renten für die Rentenbezieher und damit auch für die noch tätigen Beitragszahler werden zusätzlich abgesichert. Durch den Besitz, und ist er auch nur virtuell, bekommen die Rentner ein Faustpfand in die Hand und können nicht so leicht zum Spielball der Politik werden. Die ständig steigenden höheren Belastungen der größten »Berufsgruppe«, nämlich der Rentnerschaft, in Form von

höherer Besteuerung, Verweigerung von akzeptablen Rentenerhöhungen, steigenden Zuzahlungen bei Krankheiten und verstärkter Belastung durch die Inflation (die Teuerungsrate für Rentner ist überdurchschnittlich hoch, weil sie verbilligte Produkte wie Computer oder Fernreisen nicht anteilig nutzen können)

sind nicht berechtigt, für die unteren Einkommensgruppen sogar unzumutbar. Mit dem »Faustpfand« und den Einnahmen aus dem Gemeineigentum, besonders der Autobahnen, sowie dem oben näher beschriebenen Zuschlag auf maschinell hergestellte Waren, könnten die Renten in gerechtem Maße steigen. Die Beitragszahlungen der Erwerbstätigen müssten nicht erhöht werden, die ASG und den Zuschlag auf maschinell hergestellte Waren (SAR) zahlt jeder.

Meine Ideen sind etwas gewöhnungsbedürftig, aber ein Beitrag zur Gerechtigkeit. Wenn nichts sicher ist, eines ist sicher: Alle werden einmal Rentner sein. Somit sollten alle zusammen darauf dringen, ein Konzept zur Sicherung der Renten zu finden, um nicht später einmal der Altersarmut ausgesetzt zu sein.

Die neue kapitalgedeckte Absicherung versetzt die jetzigen und zukünftigen Rentner in die Lage, sich gegen die horrend unterschiedliche und willkürliche Verteilung und die Kürzung der Altersgelder zur Wehr zu setzten.

Der von mir geforderte Zuschlag auf maschinell hergestellte Waren und die Überschüsse aus den Erträgen des Gemeineigentums können für längst fällige Rentenerhöhungen verwendet werden. Die Renten könnten dann wieder an die durchschnittlichen Lohnerhöhungen oder wenigstens an die Inflationsraten angepasst werden ohne Erhöhung der Lohnnebenkosten.

Die zur Gewohnheit gewordene »Umverteilung« zu Lasten der Rentner, die an Lohnerhöhungen nur unzureichend teilhaben und unter der Inflation überdurchschnittlich leiden, muss gestoppt werden.

B. 9. Visionen

Im Übrigen sind noch ganz andere Finanzierungsmöglichkeiten nicht nur der Renten denkbar. Wenn man das Auf und Ab der Aktienwerte mit Billionengewinnen (für die Großen) und den Billionenverlusten (für die Kleinen) mit Geldvernichtung und Geldvermehrung beobachtet, alles im Grunde virtuell und nur im Vordergründigen real, so ahnt man, dass Geld längst nicht mehr Geld ist, mit dem man sein Brot oder sein Auto bezahlt. Die Verlagerung von Eigentum am Beispiel der weitsichtigen Übernahme des Riesen VW durch den Zwerg Porsche lässt erahnen, dass der Staat längst nicht alle seine Optionen nutzt. Wenn es richtig ist, dass eine nur geringe Besteuerung der Geldströme, die allein durch Deutschland fließen, unseren Staatshaushalt sanieren würde, wird klar, welche Möglichkeiten noch vergraben sind.

Dass es unzureichend ist, die Renten der demografischen Entwicklung anzupassen, habe ich dargelegt. Die Rentner haben ihr Leben lang gearbeitet und oft geschuftet. Sie haben ein Anrecht auf eine faire Beteiligung am Wohlstand. Sie können ebenso wie die Lokführer oder all die anderen streiken. Sie sind nicht wehrlos, weil sie alt, verbraucht und vielleicht sogar kraftlos sind. Sie haben Zeit für Sitzblockaden oder Demonstrationen. Sie sollten handeln, wenn sie weiter ungerecht behandelt werden. Wenn die anderen streiken, können sie das auch. Wenn a l l e Bevölkerungsgruppen streiken, um mehr in der Tasche haben, werden finanzielle Vorteile nicht mehr auf Kosten der Rentner und anderer, die bisher nicht streiken konnten, erreicht werden.

Schafft die Demokratie keine faire Lösung, werden alle die Quittung durch Populisten in einer Form bekommen, die zu fürchten ist.

C. Gesundheit

C. 1. Die Gesundheitsreform

*Jede Reform des Gesundheitswesens wird erst dann zum Ziel füh-
ren, wenn sich die grundsätzliche Einstellung aller, die sie angeht,
ändert!*

Die Gesundheitsreform ist ein Vorhaben, das die beste Versorgung aller Menschen unter vertretbaren Kosten erreichen
möchte. Seit mehr als zwei Jahrzehnten bemühen sich Experten aus Politik, Ärzteschaft und Verwaltungen darum, die
ausufernden Kosten in den Griff zu bekommen. Begriffe wie
Selbstbeteiligung, Einheitlichkeit, Machbarkeit, Pauschalen
oder Einzelabrechnung, Deckelung der Ausgaben und zuletzt
der Gesundheitsfond waren und sind wichtige Schritte. Die
Kostensteigerung lässt sich jedoch nicht ausreichend brem-
sen, solange das Beharren auf den eigenen Interessen der Beteiligten Vorrang hat und nicht zugunsten der immer besseren
medizinischen Möglichkeiten hinten angestellt wird.

Als ich junger Arzt war, das war vor nun mehr als 50 Jahren,
starben oder litten Menschen an Krankheiten, die heute nicht
selten geheilt oder zumindest gestoppt werden können. Als
Beispiel seien die Leukosen oder die akuten rheumatischen
Krankheiten genannt. Und noch vor 10 Jahren waren Hei-
lungen oder wenigstens Besserungen, wie sie heute gang und
gäbe sind, nicht möglich. Hier sind in erster Linie die Herzer-
krankungen und die bösartigen Geschwülste zu nennen, aber
auch weniger Spektakuläres, das durch viel bessere Diagnostik
überhaupt erst definiert und behandelt werden kann. Denken
wir an die Borreliose oder das Übergewicht. Welch extremer

Fortschritt war die Kernspintomografie, die Diagnostik der Herzkranzgefäße oder die Wiederentdeckung, dass Gesundheit auch von dem eigenen Willen des Kranken und von der Führung der Ärzte abhängt.

All dieses war und ist nur mit höheren Kosten erreichbar. Eine Erhöhung der Krankenkassenbeiträge wird aber nicht gewünscht. Also können angeblich nur eine Rückführung der Leistungen und mehr Eigenbeteiligung ermöglichen, dass die Versorgung in den wichtigsten Bereichen ausreichend bleibt. England machte es vor: Ab einem bestimmten Alter fielen Leistungen flach. Keine neue Hüfte mehr, kein neues Knie usw. Das kann nicht unser Ziel sein. Was besser gemacht werden kann, soll nun das Konzept im Folgenden erläutern:

Ein zweites Bein der Gesundheitsreform

Präambel: Bei den Verhaltensweisen im Gesundheitswesen stehen die Begriffe «Das steht mir zu, bitte nicht bei mir sparen», auch »ich war lange nicht krank, jetzt hole ich meine Beiträge wieder rein«, ganz oben. Sie müssen ersetzt werden durch: »Das ist nicht nötig, darauf kann ich verzichten«. Dies ist nicht etwa nur vernünftig, sondern zur Vermeidung eines finanziellen Desasters zwingend nötig. Oder will man lieber (schwer)krank sein, damit sich Krankenkassenbeiträge lohnen? Ist denn Gesundheit nicht unbezahlbar?

Die Gesundheitskosten werden auf Grund der zunehmenden Überalterung und der immer teueren Fortschritte der Heilkunst zwangsläufig immer mehr steigen. Ein Verzicht auf den Fortschritt oder auf eine angemessene Versorgung der Kranken, insbesondere der Alten, als mögliche Alternative ist für mich nicht akzeptabel. Um die Kosten im Rahmen zu halten, ist ein Umdenken aller nötig.

Konkret denke ich an die Nutzung der Medien, um dem Umdenken den Boden zu bereiten.

1. Vermeiden von Unnötigem: Es ist ein offenes Geheimnis oder eine verdrängte Wahrheit, dass viele Medikamente, Operationen, Krankschreibungen unnötig wären, wenn zum einen eine bessere Prophylaxe, aber auch eine strengere Auswahl der Therapien erfolgen würde. Es ist Tatsache, dass vielfach Medikamente zwar verschrieben und gekauft, aber nicht eingenommen werden. Krankschreibungen sind deutlich zurückgegangen. Das beweist den Missbrauch früherer Zeiten, der bei gesicherten Arbeitsplätzen auch heute noch bestehen könnte. Teure medizinische Maßnahmen mögen durchaus in den meisten Fällen sinnvoll sein, gleichartige Erfolge sind jedoch manchmal gleich gut auf preiswerteren Wegen zu erreichen.

Konkret: Überdenken von eingefahrenen Gewohnheiten

2. Abwägen der Therapien: Nach meiner Erfahrung teilen sich die Krankheiten auf in solche, die

    a.   »von selbst« heilen
    b.   durch eine Therapie heilen
    c.   trotz einer Therapie heilen
    d.   durch eine Therapie erst entstehen

Die Selbstheilungen (a) schreiben sich alle Therapeuten auf ihre Fahnen. Getroffene Maßnahmen und Kosten mit Ausnahme der Diagnosestellung sind in diesen Fällen eigentlich nicht nötig. Von den Ärzten weiß ich, dass ihnen die Differenzierung zu behandlungspflichtigen Erkrankungen auf Grund ihrer Ausbildung und ihrer Erfahrung möglich ist. Der evtl. höhere Zeitaufwand und Argumente wie »der Patient wünscht das, die Medikamente wirken als Placebos über die Psyche« dürften nicht verhindern, die richtigen Konsequenzen zu ziehen. Man muss es nur wollen.

Ohne die Selbstheilung, die es ja z.B. beim defekten Auto nicht gibt, stünden die Therapeuten ganz anders da.

Die ärztliche Kunst setzt erst dort wirklich ein, wo eine richtige Diagnose gestellt wird und die richtige Behandlung (b) erfolgt. Ohne diese Kunst wäre die Erkrankung nicht geheilt worden. Hier ist das Beste gerade gut genug, ohne wenn und aber. Die Honorierungen und die Kosten müssen sich am Resultat, nämlich der Gesundung, orientieren und nicht am quantitativen Aufwand der einzelnen Maßnahmen. Es ist paradox, dass derjenige unter Umständen mehr verdient, der für ein gleiches Resultat mehr Aufwand benötigt als ein anderer. Es ist ebenso paradox, dass der Arzt durch das Honorierungssystem zur Massenabfertigung gezwungen ist, um überleben zu können.

Konkret: Schaffung von Möglichkeiten, Qualität und Sparsamkeit zu fördern, ohne sie pekuniär zu bestrafen. Das könnte durch eine freiwillige Selbstkontrolle der Ärzteschaft erreicht werden.

Zum Punkt (c) ist aus meinem Fachgebiet beispielsweise anzuführen, dass eine Mittelohrentzündung erst dann Antibiotika erfordert, wenn Komplikationen ins Haus stehen. Jahrzehntelang gehörten Antibiotika zum Standard, man war als Therapeut »auf der sicheren Seite«, wenn man sie verordnete. Heute setzt sich die Zurückhaltung allmählich durch, die nachteiligen Folgen (d) und natürlich die Kosten werden vermieden. Hier zitiere ich, als einen von Vielen, Prof. Dr. Peter Schleicher, München: »Chemiekeulen bringen (bei Virusinfekten) übrigens – wenn überhaupt – nur am ersten Tag etwas, haben viele Nebenwirkungen. Gefährlich ist der schnelle Griff zum

Antibiotikum: Es zerstört wichtige Teile des Immunsystems, z. B. im Darm«. Auch Pilzinfektionen nach Antibioticagabe sind nur allzu bekannt.

Konkret: Herausfinden von entsprechenden häufig vorkommenden Beispielen von »Übertherapie« und Erarbeitung von Leitlinien für Einsparungen ohne Qualitätseinbuße.

Die Kapazitäten der Naturheilkunde, der Homöopathie und anderer sog. paramedizinischer Methoden werden inzwischen auch von der Schulmedizin nicht mehr ganz so scheel angesehen, von den Patienten aber in ganz großem Maße genutzt. Dabei sind es nicht allein die menschliche Zuwendung, die diese Richtungen auszeichnet, sondern auch verblüffende wirkliche Heilerfolge, über die ich als selbst Betroffener und mit mir viele andere berichten können. Es ist der Mühe wert, auch diese Wahrheiten in die Reformen einzubinden, vor allem die der psychischen Führung. Daraus ergeben sich große Sparpotentiale.

Konkret: Nicht Nebeneinander, sondern Miteinander der Therapeuten, von denen sich ein jeder fragen müsste, was er für sich höchstpersönlich machen würde. Das wäre dann auch für seinen Patienten das Beste.

3. »Papierkram«: Die Notwendigkeit der organisatorischen Maßnahmen der bisherigen Reformen zweifele ich nicht an. Es ist durch die Erfassung der Daten mit Hilfe der EDV überhaupt erst möglich gemacht worden, die komplizierten Kostenzusammenhänge zu analysieren, vielleicht sogar richtig auszuwerten und Konsequenzen zu ziehen. Viele der Mehrbelastungen aus der Anfangszeit nach der Einführung der EDV sind inzwischen Routine geworden. Die ständigen Anforderungen von Verwaltungen wie z.B. Begründungen und Rechtfertigungen führen jedoch immer noch zu einem enormen Mehraufwand an Zeit und Kosten, der sich für die Versorgung negativ auswirkt.

Konkret: Hier müssen Vereinfachungen und nicht ständig Änderungen erfolgen. Vieles könnte über Automatismen geschehen.

4. Klärung der Haftung: Kaum ein Gesprächspartner, der nicht etwas über ärztliche Versäumnisse und vermeintliche Kunstfehler zu berichten weiß. Trotzdem stehen die Ärzte an der Spitze der am meisten geachteten Berufe, und das bestimmt nicht zu unrecht. Tatsächlich sind wirkliche Kunstfehler selten. Der Angst vieler Ärzte, verklagt zu werden, wenn sie nicht eine kostenträchtige Maximaltherapie und -diagnostik anwenden, führt zu enormen Kosten. Deswegen dürften Verurteilungen nur bei grober Fahrlässigkeit möglich sein. Als Gegenleistung sollten die Ärzte und andere Therapeuten äußerste Sorgfalt, interkollegiale Diskussion und Weiterbildung aufbringen.

Der frei praktizierende Arzt ist im Gegensatz zum Klinikarzt in seiner Berufsausführung kaum einer fachlichen Debatte ausgesetzt. Das wird von sehr vielen, besonders jungen, Ärzten bedauert. Ohnehin regelmäßige Ärztetreffen könnten, interdisziplinär erweitert, zum Forum werden oder aus Altersgründen ausgeschiedene Ärzte könnten mit ihrem Rat in Einzelfällen mehr Sicherheit geben.

Konkret: Haftung nur bei grober Fahrlässigkeit, um Maximaldiagnostik und -therapie auf das Nötigste zu beschränken.

5. Selbstbeteiligung: Würde man in einem Kaufhaus anbieten, für einen Pauschalpreis soviel einzukaufen, wie man will, so würde zwar der Umsatz enorm steigen, aber dem Geschäft drohte der Konkurs. So ist es auch in der Medizin. Das Pauschalsystem verführt zum Konsum. Die Zuzahlungen oder die Praxisgebühr sind ein erster, aber unzureichender und wohl auch zweifelhafter Ansatz, weil sie besonders die chronisch Kranken und die ärmeren Menschen treffen. Besser wäre es, einen bestimmten Teil des Kassenbeitrages aus dem Krankenkassenbeitrag anzusammeln, der bei Krankheit Schritt für Schritt in Anspruch genommen wird. Für jeden neuen Kostenfall wird ein bestimmter Prozentsatz aus dem Angesammelten entnommen, nicht alles auf einmal. Bleibt etwas übrig, wird es ausbezahlt.

Konkret: Eine Inanspruchnahme medizinischer Leistungen muss (leider) etwas kosten, ohne den Einzelnen über Gebühr zu belasten.

6. Ursachen von Krankheiten: Viele Erkrankungen sind nicht schicksalsbedingt, sondern Folge von Unwissenheit, Gleichgültigkeit und Sünden gegen den Körper.

<u>Ein Beispiel:</u>

Bewegung. Es ist wunderbar, dass inzwischen Initiativen auch von höchster Stelle gestartet sind, die der Trägheit der Menschen Beine machen möchten. Die Verinnerlichung ist erst im Beginn. Ebenso die Erkenntnis, dass Motivation und positives Denken und Handeln gesund erhält. Ein Ziel, und sei es noch so klein, zu setzen und zu erreichen und damit eine Aufgabe zu erfüllen, hält gesund und biologisch jung. Das gilt besonders für Pensionäre. Der Zuwachs an dieser Erkenntnis und die Umsetzung dieser Überlegungen sollten aber schneller sein als der zwangsläufige Kostenanstieg.

Konkret: Selbstverantwortung für die eigene Gesundheit. Wissenswertes vermitteln die Medien.

7. Prophylaxe: Mundschutz und richtiges Bedecken des Mundes beim Husten, Abstand halten zu infektiös Erkrankten und gute Hygiene sind einfache Maßnahmen, die Krankheiten vermeiden können. Weitere Möglichkeiten sind das Erlernen von »Abrollen« nach einem Sturz zur Vermeidung von Brüchen oder vernünftiges Essen bei Übergewicht.

8. Vorrang der Gemeinnützigkeit: Jeder ist sich selbst der Nächste. Aber keiner kann ohne die Gemeinschaft überleben. Eine kleine Gruppe von Schiffbrüchigen auf einer kleinen Insel kapiert das sofort. Die Millionen Menschen eines Staates machen sich nicht klar, dass auch sie aufeinander angewiesen sind. Sie halten die allgemeine Ungerechtigkeit für normal, solange sie Nutznießer sind. Für die Gesundheit sollte aber für alle das Gleiche gelten, so wie beim Tod. Deshalb sollten diejenigen, die das Glück der Gesundheit geschenkt bekamen, dankbar sein und auf Eigennutz zwar nicht verzichten, aber ihn zu Gunsten von Gemeinnutz im Rahmen halten. Dazu gehört auch der persönliche verantwortungsvolle Umgang mit den Ressourcen des Gesundheitswesens. In diesem Zusammenhang ist auch darüber nachzudenken, dass die Beiträge zur Krankenversicherung prozentual immer geringer werden, je mehr Geld jemand zur Verfügung hat.

Konkret: Wir sitzen alle in einem Boot. Sanierung des Gesundheitswesens ist nicht Sache der Politik allein, sondern die eines jeden Einzelnen.

9. Vermeiden der Staatsmedizin: Die Ichbezogenheit wird niemals freiwillig aufgegeben werden. Erst wenn die Beteiligten erkennen, dass der Egoismus zur Staatsmedizin führt mit neuen Ungerechtigkeiten, vor allem aber mit schlechterer Leistung, hat die Reform eine Erfolgschance.

Konkret: Ein verstaatlichtes Gesundheitswesen ist nur scheinbar ein Ausweg. Zur Vermeidung ist ein Umdenken aller, die beteiligt sind, nötig. Geschieht dieses Umdenken nicht, haben wir es nicht besser verdient.

C. 2. Arztsein ist wunderbar

Meine Achtung vor den niedergelassenen Ärzten wuchs insbesondere während meiner chirurgischen Zeit in Heidenheim. Wir jungen Schnösel lästerten über die Diagnosen der einweisenden Ärzte ohne zu bedenken, dass diese ja allein und ohne die diagnostischen Möglichkeiten der Klinik arbeiten mussten. Unser Chef hielt uns immer wieder die guten Leistungen der einweisenden Ärzte entgegen, die im Gegensatz zu uns auf sich selbst gestellt waren. Ihre Patientenzahlen waren schon damals immens, 100 Patienten pro Tag waren keine Seltenheit. Notdienste wie heute gab es noch nicht. Die Nächte waren häufig durch Einsätze unterbrochen.

Großartig war und ist der sichere Instinkt der Ärzte in der Praxis. Sie stellen vielleicht nicht immer die genaue Diagnose, aber differenzieren in wenigen Minuten fast fehlerfrei zwischen kritisch und harmlos. Gerade diese »Dreiminutenmedizin« wird immer wieder gegen die Ärzte angeführt, sie ist aber Folge von Entwicklungen, die die Ärzte am wenigsten zu verantworten haben. Es ist mir zu billig, das Anspruchsdenken der Patienten hierzu ins Feld zu führen. Krank sein, mit medizinischem Halbwissen kombiniert, bedeutet Angst vor fremden Gefahren, die man so bald wie möglich ausschalten will. Der Massenansturm in den Praxen hat viele Ursachen, die einfach in der Struktur unserer Gesellschaft liegen und, solange uns nichts Besseres einfällt, hingenommen werden müssen.

Die Patienten »lästern« gerne. »Pfusch« der Ärzte ist ein äußerst beliebtes Thema, ausgelöst durch die irrige Meinung, dass der Arzt alles verhindern kann, was tragisch ausgeht. Das mag etwas verallgemeinert sein, ist aber so. Das hängt wohl damit zusammen, dass die Ärzte immer an der Spitze der Beliebtheitsskala zu finden sind. Und Halbgötter haben sich halt nicht zu irren bzw. müssen alles ins Lot bringen.

In der Politik meint man, in der Ärzteschaft einen Prügelknaben gefunden zu haben. Den immer willkürlicheren Vorschriften können sich die Ärzte nicht entziehen. Aber viele fliehen fort aus der Patientenversorgung in das Ausland, in die Industrie, in die Verwaltung. Oder sie werden gar nicht erst Ärzte, weil der mögliche Nachwuchs massiv abgeschreckt wird, Medizin zu studieren. Den Ärztemangel gibt es schon jetzt, er wird dramatisch werden, wenn keiner gegensteuert.

Ich finde es schade, dass ein so brillanter Geist wie Professor Karl Lauterbach die negativen Seiten unseres Gesundheitssystems hervorhebt, und zwar in den Medien und besonders in seinem Buch »Der Zweiklassenstaat«. Er macht eine Menge richtiger Feststellungen und gute und stichhaltige Vorschläge für ein besseres Gesundheitssystem, aber stets mit negativem Unterton für das Vorhandene und Halbwahrheiten über die Ärzte. Er räumt zwar gelegentlich ein, dass auch ein Systemfehler vorliegt, verfällt aber sofort wieder seiner Angriffslust. Das ist schade, weil es Opposition und Widerspruch schafft.

Es ist unbestreitbar, dass auch die Ärzte Fehler machen. Daran, beispielsweise am Abrechnungsverfahren, ist Kritik angebracht, aber bitte sachlich. Dazu zitiere ich einen Brief, den ich an eine HNO-Kollegin schrieb. Sie hatte im Fernsehen behauptet, Ärzte würden zu viel abrechnen.

«Sie haben großen Mut bewiesen. Sie haben allerdings nicht erwähnt, dass die Ärzte sich, jedenfalls bei den gesetzlichen Kassen, hauptsächlich gegenseitig schaden, wenn sie zu viel abrechnen. Denn der an die Ärzteschaft insgesamt ausgezahlte Betrag ist gedeckelt. Das gibt es bei den freien Berufen meines Wissens nicht noch einmal«.

Gedeckelt bedeutet, dass die Ärzteschaft als Ganzes von den gesetzlichen Krankenkassen, und um die ging es, einen festgelegten Betrag zur Verteilung an die einzelnen Ärzte erhält. *Das bedeutet: Bekommt der eine Arzt mehr, so hat der andere weniger.* Wenige Ausnahmen gibt es. Bei Privatversicherten sieht es anders aus. Dort besteht noch die Möglichkeit, zu viel abzurechnen.

Es ist schon traurig, dass viele Ärzte aus Resignation vorzeitig in den Ruhestand gehen. Der Frust muss gewaltig sein, denn früher war ein Arzt kaum aus dem aktiven Berufsleben »herauszuprügeln«. Dabei kann ich mir nichts Schöneres vorstellen, als Arzt zu sein. Ein Hobby mit dem Broterwerb zu verbinden, ist in diesem Beruf wie in kaum einem anderen möglich.

Bescheidenheit sollte nicht vergessen werden. Denn viele unserer Erfolgserlebnisse sind den Selbstheilungskräften der Natur zuzuschreiben. Ohne sie funktionierte auch die schon erwähnte »Dreiminutenmedizin« nicht und manch ein toller Erfolg wurde nicht wegen, sondern trotz der Therapie erzielt.

Aber in der Kombination fabelhafter Forschungsergebnisse, Erfahrung und Einsatz von Seiten der Therapeuten und der Kraft und der Geduld der Patienten wird in unserer Zeit das Unmögliche immer häufiger möglich. Das möchte ich nicht im Einzelnen darlegen, weil es schon zum Allgemeinwissen gehört. Aber einige persönliche Erlebnisse zu schildern sei mir erlaubt.

Ein Freund fragte mich, kommt Frau X noch zu Dir? Ja, es geht ihr gut! Wusstest Du, dass ihr damals, vor 15 Jahren, gesagt wurde, sie habe nur noch ein Jahr zu leben? Ich habe sie damals zu Dir geschickt. Ich konnte antworten, sie lebt und ist g e s u n d. Außer mit einer großen Operation und anschließender Strahlentherapie hatte ich sie zusammen mit einem einfühlsamen anthroposophischen Arzt behandelt, der nicht nur Mistel verordnete, sondern auch seine ganze Persönlichkeit einbrachte.

Die Misteltherapie habe ich nicht ganz selten durchführen lassen. Stets als adjuvante, also ergänzende, Therapie und erst nach Abschluss der eigentlichen Behandlung. Es gibt nämlich zwei unterschiedliche Einstellungen nach überstandener Krebserkrankung. Die einen wollen nicht mehr daran denken müssen und wollen einfach nur gesund sein, die anderen möchten noch etwas mehr tun als nur abzuwarten. Die Mistel verursacht eine Fieberreaktion, die möglicherweise die Abwehr aufbaut. Unspezifisch, also nicht gezielt, aber doch möglicherweise auch gegen Krebszellen. Ich sah diese positive Wirkung stets im Zusammenhang mit dem Willen des Patienten und der Führung durch den Arzt.

Die Ergebnisse habe ich auf Kongressen in Düsseldorf, Hameln und in Jesenic (Tschechien) vorgetragen. In der Diskussion gab es verhaltene Zustimmung. Jemand sagte, da haben Sie sich aber ein brisantes Thema gewählt. Er kam nach dem Vortrag zu mir und wollte alles ganz genau wissen, für seine krebskranke Mutter. Heute gibt es eine Vielzahl adjuvanter, also zusätzlicher, Behandlungen, deren wichtigster Wert mehr im Glauben daran als in wissenschaftlicher Absicherung besteht. Eines haben sie alle gemeinsam: Die Zuwendung des Therapeuten und, am wichtigsten, den Aufbau der inneren Kraft des Kranken. Dabei ist ziemlich egal, welche Maßnahmen im Einzelnen ergriffen werden.

Meine ersten Erfahrungen mit derartigen adjuvanten Verfahren hatte ich 1965 mit einem an Krebs erkrankten Kollegen gemacht, der selbst von der Ernährung als heilendem Faktor überzeugt war. Er wurde zwar geheilt, allerdings durch einen Bestrahlungsfehler: er bekam eine erhebliche Überdosis, wodurch nicht nur das kranke Gewebe, sondern auch das gesunde zerstört wurde. Wir konnten alles reparieren und er lebte noch viele Jahre.

Er hatte seine an Krebs erkrankten Patienten über die Ernährung, in seinem eigenen Falle wandte er Kleie an, behandelt, aber immer auch schulmedizinisch. Später sollte ich auf alternativ ausgerichteten Kongressen erfahren, dass sich gegenseitig widersprechende Ernährungsvorschläge mit großer Überzeugung vorgetragen wurden.

Interessant ist unter diesem Aspekt auch, dass in neuester Zeit die Nutrigenomik entdeckt haben will, dass Fettsucht nicht allein vom fetten Essen abhängt, sondern dass Gene die entscheidende Rolle spielen. Manch einer könne somit ohne Schaden reichlich Schmalz und Butter essen. Im Umkehrschluss könnte vermutet werden, dass für manche Leute Schmalz sogar nötig ist.

Herr Y. aus dem Rheinland stellte sich vor. Ihm war dort wegen einer Krebserkrankung die Entfernung des Schlundes und des Kehlkopfes vorgeschlagen worden. Er war selbstständig, etwa 50 Jahre alt, mit einer, wie mir schien, wunderbaren Frau an der Seite. Eine Verstümmelung kam für ihn nicht in Frage. Wir fanden eine radiologische Klinik, die schon damals, vor 20 Jahren, in enger Zusammenarbeit mit der Onkologie arbeitete. Wie durch ein Wunder wurde er gesund, ohne jede Einbuße. Ich glaube, diesen Erfolg verdankt er natürlich seinen Ärzten, aber auch dem lebensbejahenden Einfluss seiner Frau, die voller Liebe und Gottvertrauen war. Wie so oft litt sie mehr als ihr Mann. Er überlebte noch ein Darmkarzinom und eine riesige Geschwulst im Gesicht. Dieser Patient war beispielhaft dafür, dass wir Ärzte bei Therapien immer die persönliche Einstellung des Patienten beachten sollen. Wenn der Patient nicht voll hinter den vorgeschlagenen Maßnahmen steht, ist der Erfolg in Frage gestellt.

Die Frau an seiner Seite. Der Mann an ihrer Seite. So war es auch bei jenem Patienten, Herrn T, der eigentlich aus medizinischer Sicht verloren war. Er hatte trübe Erfahrungen gemacht und nahm sein Schicksal selbst in die Hand. Auch ihm war eine verstümmelnde Operation vorgeschlagen worden. Er suchte im Internet und fand eine Möglichkeit, radiochemisch behandelt zu werden.

Ich war nur der Berater, der seine Vorhaben abnickte und den Befund kontrollierte.

Er wurde gesund und er arbeitet wieder. Ich wusste nicht, dass er nach einem Buch lebte (Der Jungbrunnen des Dr. Shioya). Dieser japanische Arzt hatte in Europa und in Japan Medizin studiert mit der persönlichen Motivation, seine eigene kränkliche Jugend zu überwinden. Sein Buch schrieb er, als er 95 Jahre alt war, jetzt ist er weit über 100. Er spricht von der schöpferischen Kraft der Gedanken und der richtigen Atmung, wodurch man die unendliche Kraft des Universums aufnähme. Er gesteht einmal im Text, dass damit Gott gemeint ist.

Ich habe die Übungen selbst versucht, bin aber wohl zu gesund, um eine Wirkung zu spüren. Vielleicht habe ich unbewusst seine Weisheiten übernommen, denn ich bin so gut wie nie krank. Mein Glaube an Gott ist unerschütterlich, und ich bin immer dankbar und bilde mir niemals ein, etwas Besonderes zu sein. Das schließt nicht aus, dass ich Besonderes leisten will.

C. 3. Die Wippe oder »noch einmal Medizin«

Die Wippe ist auf jedem Spielplatz zu finden. Sie ist für mich ein Sinnbild des Lebens. Auf und ab, Reaktion und Gegenreaktion. Gehen wir Jahrtausende zurück, haben es schon damals kluge Chinesen formuliert: Yin und Yan.

Das Leben spielt sich ab zwischen Plus und Minus, auf und ab, Mann und Frau, hoch und tief, kalt und warm, für und wider.

Der menschliche Körper ist in seinen Grundstrukturen noch ein großes Rätsel mit einem großen Potential zur Selbstheilung. Methoden, die mit dem Körper und nicht gegen ihn arbeiten, werden meiner Meinung nach die Zukunft bestimmen.

Die autonomen Nervensysteme regulieren die Vorgänge im Körper ganz nach dem Prinzip der »für und wider«. In der westlichen Medizin herrschte, bis lange in das 20ste Jahrhundert hinein, ein Denken vor, dass ein Symptom zu bekämpfen sei. Von der unumstrittenen Diagnostik abgesehen galt in der Therapie: Wenn die Nase »zu« war, so bekam man abschwellende Nasentropfen. Bei Schmerzen Schmerzmittel, bei Sodbrennen etwas gegen Säure. Bei erhöhtem Blutzucker weniger Zuckerzufuhr. Man beachtete nur wenig, das jedes »für« ein »wider« des Körpers auslöst.

Die Behandlungskonzepte sind dennoch auch in der heutigen Zeit noch richtig. Aber die Fronten bröckeln. Längst sind abschwellende Nasentropfen nicht mehr ohne Kritik. Das Abschwellen bedeutet für das Zwischenhirn, dass in der Nase etwas unnatürlich weit geworden ist. Also werden Botenstoffe abgegeben mit der Aufgabe: Nase zumachen! Der Körper ist ein kybernetisches Prinzip: Auf Reaktion erfolgt Gegenregulierung. Schmerzen, die als Schutz dienen, sollten nicht ohne Skrupel einfach mit Tabletten behandelt werden. Es gilt, die Ursache zu finden. Ansonsten hat die moderne Medizin den Begriff Schmerzbewältigung verinnerlicht. Sodbrennen wird nur noch für kurze Zeit symptomatisch mit Antiacida (gegen zu viel Magensäure) behandelt. Hier ist die baldige Suche nach der Ursache maßgeblich wichtig, um zu heilen oder auch um eine Krebserkrankung frühzeitig zu erkennen. Zum Diabetes möchte ich mich aus bestimmten Gründen noch nicht äußern.

»Die Erfolge der Medizin werden durch ihre Irrtümer in den Schatten gestellt« rief ein Kongressredner. Das war provokativ gemeint und sollte eigentlich ausdrücken, man solle sich nicht auf dem derzeitigen Stand der medizinischen Erkenntnis ausruhen. Denn der Fortschritt zum Besseren findet beinahe stündlich dank der Wissenschaft statt. Vieles, was heute gültig ist, wird in wenigen Jahren als falsch erkannt werden. Ein Beispiel ist das Ulcus des Magens, das mit großzügigen Magenresektionen behandelt wurde, sich aber heute als medikamentös heilbare Infektionskrankheit entpuppt hat. Oder, in meinem Fach HNO, die radikale Entfernung der Kieferhöhlenschleimhäute bei chronischer Entzündung.

Das Thema sorgt immer wieder für Diskussionen mit meinen Töchterärztinnen. Was soll ich denn anderes tun, als den heutigen Erkenntnissen der Medizin zu glauben und danach zu handeln? Natürlich sollen und müssen sie das tun. Aber im Hinterkopf sollen sie doch den Zweifel zulassen. Die »Leitlinien« der medizinischen Maßnahmen, nach denen sich die Ärzte zu richten haben, sind ein richtiger Schritt. Wenn jemand davon abweicht, muss er das wohl begründen können. Sonst muss er mit Recht mit Regressen rechnen. Wenn die Leitlinien aber unumschränkt gelten würden, würden sie jeden Fortschritt abwürgen, weil keiner mehr etwas anderes tun dürfte.

Dürfen nur Unikliniken Neues erforschen? Sie tun es weitgehend schon, aber nicht ausschließlich.

Ist dort der Patient ein »Versuchskaninchen«?

Nein, das kann nicht sein, und so ist es auch nicht. Ich war 14 Jahre an einer sehr renommierten Universitätsklinik als Assistent und Oberarzt tätig. Ich weiß, dass niemand leichtfertig etwas Neues ausprobiert. Die Kontrollen sind vor allem gegenseitig intakt.

Als ich in der Chirurgie arbeitete, wurden die Narkosen in einer heutzutage unvorstellbaren, weil unsicheren, Methode ausgeführt. Trotzdem war die Komplikationsrate sehr gering. Eine amerikanische Ärztin, die ob unserer Methoden entsetzt die Hände über den Kopf schlug, erklärte auf unsere Frage, warum sie uns kritisiere, wo doch alles gut ging: »Because they are so resistant«. Weil die Menschen so stabil sind. Darüber sollten wir alle nachdenken, wenn wir die Körper mit Medizin voll stopfen.

Man kann mit dem menschlichen Körper ungeheuer viel anstellen, ehe er geschädigt wird.

Das ist beispielsweise beim Rauchen so. Raucher leben durchaus manchmal länger als andere, und die länger lebenden werden als Alibi für das Rauchen herangezogen. Oder ungesunde Lebensweise mit dem Alibi »Sport ist Mord«. Es scheint in unserer Natur zu liegen, dass wir die Dinge wider besseres Wissen laufen lassen. Vielleicht liegt darin noch nicht einmal etwas Schlechtes. Der Dicke, der gern isst, bekommt immer wieder gesagt, »Tu das nicht«. Inzwischen weiß man, dass dieser Rat nicht für alle ein guter ist. Manchmal sogar ein schlechter. Wenn nämlich die Gene einen Fettansatz bestimmen, in diesem Fall aber zwanghaft abgenommen wird, wird nicht nur das persönliche Glück beeinträchtigt, sondern möglicherweise an anderen Stellen des Körpers geschadet. Vielleicht hat der »Dicke« in manchen Fällen Recht, wenn er gute Ratschläge nicht befolgt.

Unser Gesundheitssystem krankt nicht an schlechter Qualität der Versorgung. Das heißt nicht, dass Verbesserungen nicht möglich sind. Neue Regeln im administrativen Bereich sind nötig. Zu bedauern ist, dass die Reglementierungen von Seiten des Staates zu einer weit reichenden Demotivation der Ärzte geführt haben. Viele Ärzte geben vorzeitig auf. Dabei ist das vertrauensvolle Arzt–Patientenverhältnis die »halbe Miete« für die Gesundung.

Zudem werden Vorschläge aus der Ärzteschaft mehr oder weniger ignoriert oder als Eigennutz abgetan.

Es ist mir wohl in die Wiege gelegt worden. Irgendwie haben die »Osterwälder« immer etwas »eigene« Wege gesucht. Ein Onkel von mir, ein Fabrikant, war im Magischen Zirkel, nicht in irgendeinem, sondern im Weltverband. Er erfand einen Taschenrechner, er heizte nicht ein ganzes Zimmer, sondern über Strahler nur den Platz, an dem er saß.

Mein erster Exkurs in diese Richtung war ein Klassenaufsatz über das Thema »Und neues Leben wächst aus den Ruinen«. Ich war 16 Jahre alt, es war 1948, das Jahr der Währungsreform. Die meisten schrieben über allgemeine Thesen, ich dagegen trug die Theorie eines gewissen S. Gesell vor. Er vertrat die Meinung, nummeriertes Geld mit einer bestimmten Endziffer sollte zu einem nicht vorher angekündigten Datum von Zeit zu Zeit entwertet werden. So würde das Geld in raschem Umlauf gehalten werden und damit die Wirtschaft für den Wiederaufbau des zerstörten Landes gestärkt werden. Mancher würde sich heutzutage zwar nicht dieses spezielle Verfahren, aber doch eine hohe Binnennachfrage wünschen.

In einem Schulaufsatz kurz vor dem Abitur vertrat ich die These, es müssten so genannte Organisatoren zur Heilung von Organversagen oder zur Rückführung von Zerstörungen durch Krebs genutzt werden können. Dieser Traum schwebte mir lange vor. Durch die moderne Gentechnik rückt dieses Ziel jetzt näher. Damals und noch viele Jahre später blieb es jedoch im Nebel.

Als Student bewarb ich mich um einen Sitz im Studentenparlament. Ungebunden und parteilos. Die großen Gruppierungen der Verbindungen und Verbände lachten mich aus. Ich jedoch erhielt die Mehrheit der Stimmen und hatte doch nur ganz pragmatische Ziele vertreten. Einzelheiten weiß ich nicht mehr.

Bei der Bewerbung um die ausgeschriebene Stelle als Chefarzt in Hannover wurde ich, obwohl nicht habilitiert, gewählt. Dass ich kein Zeugnis meines früheren Chefs hatte, war wohl die beste Empfehlung: er wollte mich behalten. Die Hannoveraner können schon immer recht gut kombinieren.

Ich übernahm eine Klinik, die ein halbes Jahr kommissarisch durch die Medizinische Hochschule geführt worden war, weil mein Vorgänger plötzlich tragisch verstorben war. Ich hatte ein wenig Sorge, wie ich die Klinik wieder zu normalen Abläufen bringen könnte. Mein alter Chef hatte mir mit auf den Weg gegeben, dass der Aufbau leichter als das Halten eines guten Niveaus sei. So lange es aufwärts ginge und die Qualität anstiege, sähen alle Mitarbeiter den Erfolg und stünden mir zur Seite. Später, wenn ein hohes Niveau zu erhalten sei, würde die Motivation geringer. Ich kann das bestätigen. Aber ich hatte wunderbare Mitarbeiter, die Freude an der Arbeit hatten. Wir fühlten uns als Klinik mit Herz

Trotzdem kamen manchmal Querschüsse. So, als ein neuer Mitarbeiter die Behauptung aufstellte, durch zu viel Arbeit würde das Rentenalter nicht erreicht werden. Er hat nicht lange durchgehalten. Meine wunderbare leitende Schwester Hildegard im Operationssaal rief: Fangt doch erst einmal an, eine gelungene Leistung macht euch zufrieden und ihr werdet länger leben.

Das war später einmal ganz anders. Als sich nämlich plötzlich die Leistung im Operationsbereich enorm erhöhte, weil nach Einführung der Verschlüsselung aus einer Operation zwei wurden. Durch doppelte Verbuchung. Ich möchte nicht wissen, wie viel derartiges mit der Einführung der EDV vorgetäuscht wurde.

Sie sind ja ein Grüner, erklärte ein Stadtoberer. Als ob das eine Schande wäre.

Dazu eine kleine Vorgeschichte. Als ich Chefarzt wurde, war die vor 100 Jahren gebaute Klinik in einem erbärmlichen baulichen Zustand. Toiletten jenseits des Flures, die Füße des dort Sitzenden sichtbar. Nach und nach wurde verbessert, aber nicht zu viel, denn mir war der Neubau der Klinik bei meiner Zusage, nach Hannover zu kommen, fest versprochen worden. Ich habe ihn zwar mit planen dürfen, verwirklicht wurde er zu meiner Amtszeit nicht. Die technische Ausstattung war jedoch optimal. Ich erinnere mich noch, dass der zuständige Stadtdirektor Klaus B. sagte, als ich die notwendige Summe für die Modernisierung der Klinik nannte: Das sind Sie uns wert.

Nun, warum sollte ich also ein Grüner sein? Der Neubau war zwar vorgesehen, es gab aber keine Gelder zur Finanzierung. Ich sagte, das wundere mich: Der Bedarf sei da, die Materialien ebenso wie zahllose Menschen, die auf Arbeit warteten. Diese brauche man doch bloß zu motivieren, für das Geld, das sie für Nichtstun bekämen, beim Neubau zu helfen. Halbtags, nur alle zwei Wochen oder so.

Das hatten die »Grünen« damals auch vorgeschlagen.

Wenn ich bedenke, was heute, ein paar Jahrzehnte später, den Menschen zugemutet wird, wäre mein Vorschlag damals allemal machbar gewesen. Heute muss jeder fast alles tun. Damals wäre es auch möglich gewesen, nur freiwillig teilzunehmen.

Das Arbeiten im alten Gemäuer hatte natürlich viele Schattenseiten. Die räumliche Trennung vom Haupthaus, die dadurch nötigen Fahrten zu interdisziplinären Operationen und zu konsiliarischen Untersuchungen waren das größte Problem.

Die überschaubare Zahl von ca. 90 Mitarbeitern für 74 Betten mit eigener Oberschwester machte uns zu einem verschworenen Haufen. Besonders die Reinigungskräfte waren wunderbar. In der Klinik gab es keinen Hospitalismus. Das lag zwar zum einen an der separaten Lage, aber auch am Ehrgeiz der Mitarbeiter, ihre Sache gut zu machen.

Weil mein Zimmer mitten in der Klinik lag, glaubte ich, mit ihr zu leben und Gefahren zu spüren. In kritischen Momenten ändert sich der Geräuschpegel im Hause. Es ist, als ob die Klinik den Atem anhält. Meine beiden tüchtigen Oberärzte, die beide fast ein viertel Jahrhundert mit mir arbeiteten, fühlten es wie ich. Sie waren mit mir und zusammen mit der wunderbaren langjährigen Oberärztin der Anästhesie die Säulen der ärztlichen Versorgung.

Die Zahl der Ärzte hat sich im Lauf der Zeit fast verdoppelt. Das hing mit der starken Ausweitung der diagnostischen und therapeutischen Möglichkeiten und den kürzeren Liegezeiten zusammen. Später hatte ich vier Oberärzte, davon zwei gestandene und sehr erfahrene und zwei junge Fachärzte. Solange es nur zwei waren, nahm ich am Rufdienst teil. Das waren mehr als 15 Jahre. Als ich einmal die Stadtverwaltung darauf aufmerksam machte, dass durch meine unbezahlten Dienste viel Geld eingespart wurde, erklärte man lapidar, ich müsse das ja nicht machen.

Ich hatte zu Hause zwei Telefone. Ein rotes, um für die Klinik immer erreichbar zu sein. Ein normales schon wegen der vielen Telefonate meiner Kinder. Eines Abends, ich hatte Rufdienst, war das »normale« Telefon lange besetzt (Handys gab es noch nicht). In unserem vier Kilometer entfernten Haupthaus war ein Erstickender eingeliefert worden. Eine Stunde lang erreichte man mich auf dem «roten« Telefon nicht, auf dem anderen natürlich auch nicht. Schließlich doch. Ich fand einen schon blassschweißigen Patienten vor, den ich mit einigen gelungenen Handgriffen retten konnte.

Was war geschehen? In meiner separat liegenden Klinik hatte der zuständige Pförtner versucht, mich zu erreichen. Der eine Anschluss war natürlich besetzt. Für den anderen hatte er die Zahlen verdreht: An Stelle von siebenundfünfzig usw. wählte er fünfundsiebzig usw. Er war Spanier und diese sagen nicht 57, sondern 75. Im Haupthaus wunderte sich Herr M. in der Telefonzentrale, ein fabelhafter Mensch. Er hatte früher in unserer Pforte gearbeitet. Auf seinem Display sah er ständig meine Notnummer, nur in der falschen Reihenfolge. Er fragte schließlich nach. Durch ihn kam die Hilfe noch rechtzeitig.

Wäre der Patient verstorben, hätte ich meine Koffer packen können. Keiner hätte mir geglaubt, dass mich keine Schuld traf. Jeder hätte angenommen, dass ich meinen Mitarbeiter zu Unrecht verdächtigte. Ich hätte es nicht über's Herz gebracht, die Verantwortung abzuschieben.

Der Primas des Benediktinerordens Dr. Notker Wolf hat ein Buch über Menschenführung geschrieben. Ich kann alles, was er vorträgt, unterschreiben. Es gibt für mich nichts Wichtigeres als eine gute Gesamtleistung des Betriebes. Das Resultat und die Bezahlung müssen stimmen. Gleich oder sogar höher zu bewerten ist die Zufriedenheit in einem guten Arbeitsklima. Lob und Anerkennung verbessern alles, während Tadel meist nur Opposition auslöst. Wenn jeder sein Bestes gibt, ist auch ein Fehler selten unverzeihlich.

Ich hatte immer geglaubt, meine Mitarbeiter in die Entscheidungsprozesse eingebunden zu haben. So wurde jedes schwierige Krankheitsbild eines Patienten in der täglichen Konferenz eingehend besprochen. Am Schluss wurde das Vorgehen bestimmt. Jahre nach meiner Pensionierung sagte mir ein inzwischen selbstständiger Kollege, es sei dann doch meist das beschlossen worden, was ich wollte. Was ich wollte, war aber auch wiederum das Ergebnis aller Meinungen.

Wir hatten das Glück einer intensiven interdisziplinären Zusammenarbeit mit den »Kopfklinikern« und für bösartige Tumore eine wöchentliche Konferenz mit dem Radiologen der Hochschule Professor K., dem ich dafür noch heute dankbar bin. Bedeutete es für ihn doch eine hohe zeitliche Belastung.

Wenn heute Politiker an unserem Gesundheitssystem ba-

steln, so vergessen sie diese unendliche Kleinarbeit, die natürlich nicht nur bei uns stattfand. Immer noch wird ein Patient,
der in wirklicher Not ist, hierzulande erstklassig behandelt.

Die wenigen Ausnahmen sind nicht die Regel. Aber sie sind
unverzeihlich, welche Gründe auch immer angeführt werden.

D. Arbeitsplätze sind Schicksale

die rund um ihn entschieden werden. Es gibt Situationen, in denen zu viele Arbeitsuchende zu wenigen offenen Stellen gegenüber stehen. In anderen Fällen gibt es mehr offene Stellen bei zu wenigen Bewerbern. Für beide Möglichkeiten habe ich Lösungen erarbeitet. Wie es dazu kam, beschreibe ich zu Beginn dieses Kapitels.

D. 1. Zu wenige Bewerber, zu viele freie Stellen

Ende der 70er Jahre erkrankte einer meiner Mitarbeiter langfristig, ein anderer hatte kurzfristig auf seine bereits zugesagte Einstellung bei uns verzichtet und zusätzlich beabsichtigte einer, sich niederzulassen Es herrschte ein Mangel an Bewerbern. So mussten 74 Betten und eine große Notfallambulanz nicht mehr von sieben, sondern von fünf, eventuell sogar von nur vier Ärzten versorgt werden. Bewerber gab es kaum.

Die Situation war prekär.

Um es vorweg zu sagen: Wir haben es geschafft. Die ärztlichen Mitarbeiter haben »bis zum Anschlag« gearbeitet und hofften auf Abhilfe, vor allem durch mich.

Durch zahlreiche Stellenausschreibungen und Ausleihen von Ärzten aus anderen Kliniken wurde der Mangel entschärft.

Aber so etwas sollte uns nicht wieder passieren.

Deswegen überlegte ich mir, wie ich ohne eine zusätzliche Stelle einen weiteren Mitarbeiter an die Klinik binden könnte. Ich sprach im Personalamt der Stadt Hannover vor und fand offene Ohren. Es sollte ein weiterer Mitarbeiter verpflichtet werden. Gleichzeitig würde jeder ärztliche Mitarbeiter einen Monat lang außerplanmäßigen und unbezahlten Urlaub bekommen. Dadurch sollten Gelder für den neuen Mitarbeiter frei werden.

Der zweite Schritt waren Anfragen bei niedergelassenen Ärzten, ob sie für bestimmte Zeiträume Ärzte der HNO Klinik gegen Honorar einstellen würden. Dadurch würde deren Verdienstausfall ausgeglichen.

Damals war die finanzielle Situation der niedergelassenen Ärzte besser als heute und die Arbeitsüberlastung ließ man sich gerne durch einen eifrigen jungen Kollegen mildern.

Später, als ich das Modell für den allgemeinen Arbeitsmarkt weiterentwickelte, trat an die Stelle der Bezahlung durch die niedergelassenen Ärzte das Arbeitslosengeld.

Der ärztliche Mitarbeiterstab stimmte, bis auf eine Ausnahme, zu. Die Fragen zu Versicherungen, Steuern, die Anrechnung auf die Ausbildungszeit und der Urlaube waren kein Problem Es wurde als Modellversuch gesehen. Noch heute denke ich dankbar an die flexible Stadtverwaltung zurück, die durch eine geringe Stellenanhebung das Modell möglich machte.

Meine Ärzte waren zufrieden. Sie konnten die damals noch obligatorische Ausbildungszeit in der freien Praxis ableisten oder aufgeschobene Arbeiten zu Hause erledigen. Einige machten lang ersehnte größere Reisen.

Und es klappte tatsächlich. Als einmal alle weiblichen Kolleginnen gleichzeitig Mutterfreuden entgegensahen, hat sich das Modell besonders bewährt.

D. 2. Zu viele Bewerber, zu wenig freie Stellen

In den 80er Jahren drehte sich das Blatt. Während mein Modell in einer Zeit entwickelt wurde, als die Stellen kaum zu besetzen waren, gab es jetzt zu wenige freie Stellen. Die Bewerbungen stapelten sich auf meinem Schreibtisch. Ich behielt die Regelung bei. Weiterhin hatte ich einen Mitarbeiter mehr als Planstellen vorhanden waren. Einer war außerhalb, vertrat oder machte zusätzlichen Urlaub.

So konnte ich einen Arzt einstellen, der sonst arbeitslos gewesen wäre.

Andere Gruppierungen im Krankenhaus wollten nachziehen, sie fanden aber keinen, der das organisierte.

Während bei uns volle Zufriedenheit herrschte, dachte ich darüber nach, dieses Modell auf andere Berufsgruppen auszudehnen. Denn inzwischen wurde die Arbeitslosigkeit zu einem immer größeren Problem. Es sollten sich, wenn Entlassungen bevorstanden, Gruppen in den Betrieben bilden, mit etwa gleichartigen Beschäftigungen, auf freiwilliger Basis. War beispielsweise vorgesehen, 10 von 100 Mitarbeitern zu entlassen, so sollte nicht aus jeder Gruppe einer vollständig, sondern 10 vorübergehend für zum Beispiel einen Monat entlassen werden und Arbeitslosengeld beziehen.

Obgleich ich mich wiederhole, formuliere ich meinen Vorschlag noch einmal ganz kurz: Statt einen Einzigen von zehn Mitarbeitern zu entlassen, sollen 10 Mitarbeiter für je ein Zehntel der Zeit entlassen werden und für diese Zeit Arbeitslosengeld beziehen. Die Zahlen sind natürlich variabel.

Es wurde ein Weg voller Zustimmung, so lange es nicht um die konkrete Umsetzung ging. Häufig kamen die typischen Antworten: »Wir haben es mit Interesse gelesen« anstelle von »es liegt schon im Papierkorb«. Ich begann, meine Gedanken

Köpfen aus der Wirtschaft, Arbeitgebern und Gewerkschaftern vorzutragen, wozu ich auf Kongressen, Empfängen usw. reichlich Gelegenheit hatte. Ob aus Höflichkeit oder um mich nicht zu verärgern erhielt ich immer beifälliges Kopfnicken, aber eigentlich nur wenig echtes Interesse. Eine fabelhafte Korrespondenz entwickelte sich mit dem Gewerkschaftsführer Franz Steinkühler. Schade, dass er abtreten musste.

Wiederholt, wenn Massenentlassungen ins Haus standen, rief ich bei beiden Tarifpartnern an und versandte meinen Vorschlag, zusammengefasst unter dem Titel »Nicht Verteilung der Arbeit, sondern Verteilung der Freizeit«. Das Modell war inzwischen, ich wiederhole es noch einmal, weiter entwickelt durch Einbeziehen des Arbeitslosengeldes für die zeitweilig und vorübergehend Freigestellten, aber eben nicht vollzeitig Entlassenen. Nach einigem Geplänkel standen dann die Mitarbeiter doch auf der Straße. Tausende!

Weil es ein Bündnis sein sollte gegen Entlassungen und für mehr Freizeit, nannte ich die, die mitmachen wollten, »Bündnismitarbeiter«.

Nun kann keiner behaupten, den Stein der Weisen gefunden zu haben. Einwände kamen reichlich.

Zunächst einmal hieß es, »Das geht nicht«. Das war einfach Unwissenheit. Ich hatte es in meiner Klinik mit Erfolg praktiziert und manche Berufgruppen haben es durchgeführt, z. B. Lehrer. Insofern war meine Idee nicht neu. Neu war die Abfederung der finanziellen Verluste durch Einbeziehen des Arbeitslosengeldes und die detaillierte Ausarbeitung der Vorteile einer besseren Verteilung der Freizeit.

Durch einen zustimmenden Brief des damaligen Bundeskanzlers Gerhard Schröder bekam ich Zugang zu den entsprechenden Abteilungen des Bundeskanzleramtes und erhielt eine positive Bewertung der damaligen Bundesanstalt für Arbeit. Schließlich sagte der Leiter des hannoverschen Arbeitsamtes seine Unterstützung zu. Nur: ICH sollte eine Firma finden, die bereit war, einen Modellversuch zu machen.

Einmal glaubte ich, dem Erfolg nahe zu sein. Einer meiner Patienten war leitender Gewerkschafter in einer Firma, der Massenentlassungen ins Haus standen. Er war überzeugt, fand aber keinen Rückhalt. Am Ende wurden ein paar tausend Leute entlassen.

Dann hörte ich, keiner, der einen vollwertigen Arbeitsplatz innehabe, würde auf Gehalt verzichten.

Eigene Erkundigungen haben das bestätigt. Die Solidarität mit denen, die nach einer Entlassung auf viel Geld verzichten müssen, ist wenig ausgeprägt. Dabei ist derzeit kaum noch jemand sicher, nicht morgen selbst auf der Straße zu stehen. Mit allen Härten. Was ihm dann blüht, ist wenig erbaulich: Hartz IV, Zeitarbeit, Leiharbeit, Unsicherheit und Frust. Der scheinbare Rückgang der Arbeitslosigkeit heißt nämlich keineswegs, wieder Arbeit im gewünschten Sinne zu finden, weil solche Beschäftigungen zugunsten der weniger wertvollen immer seltener werden.

Noch ein Gegenargument: Wenn ein Bündnismitarbeiter eingestellt wird, merkt der Chef vielleicht meine Schwächen, weil der »Neue« besser ist. Wer so denkt, ist sowieso der nächste, der entlassen wird. Er müsste das Modell im eigenen Interesse bejahen, sich vielleicht auch mehr anstrengen.

Das ist zuviel Aufwand! Ja, wenn alles per Hand geregelt werden müsste, träfe das zu. Aber es gibt die EDV, die die Verwaltungsarbeit mit einem entsprechenden Programm mühelos bewältigen kann. Wenn ein zusätzlicher Urlaub erfolgt, kann das bei gutem Willen und Erkennen der Chancen kein unlösbares Problem sein.

Die Chancen, man könnte auch Vorteile sagen, sind groß.

Für den Arbeitgeber kommt es zwar in der Anfangsphase zu organisatorischer Mehrarbeit, die aber bald zur Routine wird.

Er hat Mitarbeiter, die entspannter sind. Deren Anzahl »atmet«, indem in Zeiten der Mehrbelastung alle Mitarbeiter, und zwar gut eingearbeitete, zur Verfügung stehen. Ist weniger zu tun, greift das Modell. Die Erkrankungshäufigkeit nimmt ab. Und zwar nicht, wie in früherer Zeit, aus Angst vor der Entlassung, sondern weil weniger Stress und mehr Zufriedenheit im Spiel ist.

Für den Arbeitnehmer gibt es zwar etwas weniger Geld, dafür etwa doppelt soviel Urlaub. Also Freizeit für Dinge, die sonst nur zu leicht liegen bleiben. Der Einkommensverlust liegt aufs Jahr gerechnet unter 4,0%, dem ein Monat Urlaubsgewinn gegenübersteht

Ein viel gehörtes Gegenargument ist, dass kein Geld gespart wird. Auch das ist falsch. Es wird viel Geld gespart durch Vermeidung somatischer und psychosomatischer Krankheiten als Folge der gesellschaftlichen Abwertung und Schwarzarbeit wird wahrscheinlich eingedämmt. Durch die immer stressigere Arbeit durch Ausdünnen der Personaldecke wird mittelfristig die Gesundheit bedroht mit entsprechenden Folgekosten. Wer einmal erlebt hat, wie Stellen nicht mehr besetzt werden, wie Arbeitsplätze durch Rationalisierung auch den letzten Rest an menschlicher Nähe und Wärme verlieren und damit die Freude an der Arbeit zerstört wird, der wird sich ein Rückbesinnen auf die eigentlichen Werte wünschen: Dass Arbeit ein wesentlicher und erfüllender Teil des Lebens sein sollte.

Mein Modell greift nicht bei Werksschließungen wie zuletzt bei Nokia. Das ist ein ausländischer Konzern, der es anderen Konzernen nachmacht. Werksverlagerungen in das Ausland sind ohne Zweifel berechtigt, wenn die Waren auch im Ausland verkauft werden. Werden sie jedoch wieder importiert, kommen mir Zweifel an der Richtigkeit solcher Maßnahmen. Grob ausgedrückt müssen dann die Waren im Ausland gekauft werden (vielleicht werden sie bei uns ja gerade mal zusammengeschraubt) von den Menschen zu Hause, die keinen Anteil an der Wertschöpfung haben. Die dann nicht mehr durch Arbeit verdienen, sondern von irgendeiner Unterstützung leben müssen.

D. 3. Stressabbau und mehr Freizeit

Das Modell kann auch anders wirksam werden. Ein Arbeitsuchender, also ein »Bündnismitarbeiter«, möchte wieder arbeiten. Er tritt in eine Gruppe von 10 regulär Beschäftigten ein, die gerne entlastet würden. Er arbeitet sich ein, bis er einige der Positionen vertreten kann. Nun wird ein Mitarbeiter für eine bestimmte Zeit arbeitslos, bezieht Arbeitslosengeld. Der bisher Arbeitslose vertritt ihn. Dann wird das Gleiche für die anderen Mitarbeiter durchgeführt. Bis der Bündnismitarbeiter selbst wieder für einen Monat arbeitslos wird. Die Zeiten sind variabel, die Vertretungsplätze müssen nicht alle nacheinander besetzt werden. In Ausnutzung von Urlaubsregelungen kann der Bündnismitarbeiter auch länger an einer Stelle bleiben.

Die Situation soll durch die folgenden Tabellen für 10 Mitarbeiter verdeutlicht werden.

Beispiel für Freizeit- bzw. Arbeitsverteilung

Die Zeiträume sind variabel. Hier sind 12 Zeiteinheiten von jeweils einem Monat gewählt

	Januar	Februar	März	April	Mai	Juni	Juli	August	September	Oktober	November	Dezember
1	AS	A	A	A	A	U	A	A	A	A	A	A
2	B	AS	B	B	B	B	U	B	B	B	B	B
3	C	C	AS	C	C	C	C	U	C	C	C	C
4	D	D	D	AS	D	D	D	D	U	D	D	D
5	E	E	E	E	E	AS	E	E	E	U	E	E
6	U	F	F	F	F	F	AS	F	F	F	F	F
7	G	U	G	G	G	G	G	AS	G	G	G	G
8	H	H	U	H	H	H	H	H	AS	H	H	H
9	I	I	I	U	I	I	I	I	I	AS	I	I
10	J	J	J	J	U	J	J	J	J	J	AS	J

AS = AL

AS = U

U:	der reguläre Mitarbeiter ist im Urlaub
AS:	hier vertritt der Arbeitssuchende, der reguläre Mitarbeiter ist arbeitslos
AS = AL:	der Arbeitssuchende ist arbeitslos
AS = U:	der Arbeitssuchende ist im Urlaub
A - J:	Mitarbeiter
1 – 10:	Arbeitsplätze der Mitarbeiter A - J
	Hier hat der reguläre Mitarbeiter Urlaub (U) oder ist arbeitslos (AS)

Beispiel: im März (dritte senkrechte Spalte) vertritt der Arbeitsuchende C und H ist im Urlaub

Das Raster, das die BÜNDNISMITARBEITER auffängt

Der Arbeitslose (Bündnismitarbeiter) tauscht mit A-B-C usw. für jeweils einen bestimmten Zeitraum

Wie im Urlaub können Mitarbeiter sich gegenseitig vertreten, so daß der Bündnismitarbeiter nicht auf allen Positionen arbeiten muß.

	Januar	Februar	März	April	Mai	Juni	Juli	August	September	Oktober	November	Dezember
1	A											
2		B										
3			C									
4				D								
5						E						
6							F					
7								G				
8									H			
9											I	
10											J	

Beispiel: im Januar vertritt der Bündnismitarbeiter den Mitarbeiter A

E. Manipulation und Migration

Die Manipulation der Menschen war zwischen 1933 und 1945 besonders stark ausgeprägt. Ich war am Ende des zweiten Weltkrieges, als wir von den Amerikanern »befreit« wurden, mit 12 Jahren alt genug, um Zeitzeuge zu sein. Zum Glück hatte ich einen Vater, der als Verwundeter des ersten Weltkrieges nicht eingezogen wurde. Er hatte das Grauen des ersten Weltkrieges erlebt, den Tod der Kameraden, der Freunde. Die Nazipropaganda prallte an ihm ab. Er konnte aber nicht verhindern, dass wir Kinder, besonders mein knapp zwei Jahre älterer Bruder und ich, durch die allgegenwärtige »Partei« beeinflusst wurden.

Das Aufstöhnen meiner Mutter, als im Rundfunk am 1. 9. 1939 der »Führer« erklärte, »ab heute wird zurück geschossen«, ihre Worte »die armen Soldaten«, sogar der genaue Platz des Radios, sind mir unvergessen. Es war eine klassische Manipulation der Meinungen.

Mein älterer Bruder und ich waren im System gefangen, das überall und besonders in der Schule von überwiegend überzeugten Nazis repräsentiert war. Einige unserer Lehrer waren allerdings dagegen. Es waren die, die uns am meisten beibrachten. Wir mussten immer zu Beginn der Stunde aufstehen und »Heil Hitler« brüllen. Einer der Lehrer brummelte nur, ein anderer sagte »Halter«, was für uns zum geflügelten Wort wurde.

Nicht nur in der Schule, sondern auch in der Freizeit wurden wir massiv bearbeitet. Im Jungvolk erfolgte die Erziehung ganz im Sinne des Regimes und im Glauben an die Wahrheit dieses »Führers«. Die »Rollereien«, wobei wir uns gegenseitig ertüchtigten, indem wir uns verprügelten, das Singen der Lieder »und heute gehört (das hieß eigentlich »da hört«) uns Deutschland, und morgen die ganze Welt«, »und wir fahren, und wir fahren gegen Engelland« begeisterten uns. Genau genommen waren wir alle verblendete glühende kleine Nazis.

Aus heutiger Sicht denke ich manchmal mit Sorge, wie leicht die politisch gewollte und gesellschaftlich notwendige sehr frühe Übernahme der Erziehung durch Krippen und Kindergärten unglückliche Folgen haben kann. Die jetzt im Vordergrund stehenden Ziele wie Erlernen sozialen Verhaltens und Freistellung der Eltern für den Beruf sind lobenswert. Es kann aber zum Bumerang werden, wenn sich die politischen Ambitionen ändern.

Es ist mir heute unbegreiflich, dass ein Mann ab 1933 fast das ganze Volk in seinen Bann ziehen konnte. Die Propaganda drehte alles um. Niederlagen hießen heldenhafter Rückzug, dreiste Überfälle auf Nachbarländer nannte man Vergeltung.

Die ständige Überwachung und Bedrohung war uns Kindern nur nebelhaft bewusst. Als die Synagoge in meiner Heimatstadt Hildesheim verbrannt wurde, kannten wir die Hintergründe nicht. Wir sahen noch nicht den Zusammenhang mit den bescheiden umherlaufenden Menschen mit dem gelben Stern. Einmal zuckten wir zusammen: Unsere Mutter saß im Viehwagen in Richtung Konzentrationslager, weil sie BBC gehört hatte. Verpfiffen von einer Hausangestellten. Nur dadurch, dass unser Vater einem hohen Gestapomann kurz zuvor mit Erfolg operiert hatte und dieser sich für sie einsetzte, kam sie wieder frei.

Ein anderes Mal mussten wir zusehen, wie ein Soldat auf Heimaturlaub abgeführt wurde, weil er beim Fußballspiel auf einem Schulhof fröhlich schrie: «Wir spielen für das Winterhilfswerk». Das haben wir nicht verstanden.

Sicher sind das harmlose Episoden im Vergleich zu den Erlebnissen anderer. Aber sie haben bei mir später Wirkung

60

gezeigt und mich immun gemacht gegen blinde Gläubigkeit an die Obrigkeit. Bei mir klingelt ganz oft ein Glöckchen, wenn auf irgendeine Weise versucht wird, den ja vorwiegend nur als Wähler interessanten Bürger zu manipulieren. Als ein besonders krasses Beispiel kann man die Vorgänge in Hessen 2008 sehen.

Hans-Hermann Gockel hat in seinem Buch »Deutschland die überstrapazierte Nation« die Situation der Migration aus seiner Sicht dargestellt. Er bringt Dinge ins Spiel, die ich einfach nicht glauben möchte: Verleitung junger Moslems zum Hass auf die Christen, die Ungläubigen. Er zitiert Hassan Tibi: »Muslime sind nicht integrationswillig«. Und später: »Man muss offen sagen, die Religion des Islam erlaubt die Integration nicht. Ein Muslim darf sich einem Nichtmuslim nicht fügen«.

Das Bewusstsein der Migranten, auf Grund ihres Kinderreichtums ganz ohne weiters Zutun die Deutschstämmigen in absehbarer Zeit in die Minderheit gedrängt zu haben, habe ich selbst erlebt.

Heute sind die Migranten Partner. Ich meine, nicht sehr Viele haben gegen uns negative Vorsätze. Ich wünsche mir, dass die oben angeführten Aussagen nur von wenigen übernommen sind bzw. sich selbst ad absurdum führen.

Wo doch die einzige Antwort für eine gemeinsame Zukunft eine mit den Gutwilligen praktizierte Integration in gegenseitiger Toleranz ist. Schönfärben ist unangebracht, ebenso wie die Forderung nach verstärkter Einwanderung.

Ich habe in der von mir geleiteten Klinik immer auf eine besonders freundliche Behandlung von Migranten gedrängt, von Menschen, die fern der Heimat krank waren. Ich stellte mir vor, wie ich mich in einem fremden Land als Kranker fühlen würde. Ich spürte dafür oftmals Dankbarkeit. Es war auch ein Beitrag zur Gemeinsamkeit.

Mich macht es traurig, dass man das Gleiche mit »Das Glas ist halb voll« für gut und »Das Glas ist halb leer« für schlecht ohne Gewissenbisse zur Stärkung der eigenen Position anwendet. Als ob das Gemeinwohl ein Spiel ist.

Meine Damen und Herren Politiker: Sie alle verdienen für die Schwerstarbeit, die sie leisten, unseren Dank. Die Aussage, dass Sie sich selbst nur die Taschen füllen wollen, ist, wie so vieles andere auch, eine Manipulation von gewissen Unerkannten. Aber verkaufen Sie den Wähler nicht für dumm. Wir haben kein Schlaraffenland, wo man unbesorgt taktiert. Die Gefahr der Radikalisierung ist ante portas, das heißt, sie hat den Fuß schon in der Tür. Und in der Manipulation sind die Radikalen Euch überlegen.

Natürlich ist ein gerechtes Deutschland ein hohes Ziel. Unzufriedenheit ist aber nicht gleichbedeutend mit Ungerechtigkeit, lässt sich aber vortrefflich verwenden, um bei Wahlen zu punkten. Der Kommunismus hat einfach postuliert, dass alle Menschen gleich sind und Gleiches haben sollen. Weil aber alle ungleich sind, kann das nicht funktionieren. Es ist im Gegenteil beim Versuch der Verwirklichung der im Grunde wunderbaren Idee zu einer unglaublichen Ungerechtigkeit gekommen. Der Staat und seine Staatsdiener hatten die Rolle der Reichen übernommen. Die meisten anderen blieben arm und wurden zudem noch, zum Schutz des Systems (der Reichen) bespitzelt. Wenn sie Kritik übten, liefen sie Gefahr, eingesperrt zu werden. Für den einfachen Bürger war ein bescheidener Wohlstand über dem Niveau der Allgemeinheit nur durch Kooperation mit dem System und kaum einmal durch eigene Initiative erreichbar.

Glücklicherweise haben die Ideen, nicht zu Verwirklichendes umzusetzen, bei uns kaum Chancen. Das darf uns jedoch nicht daran hindern, die Augen und die Herzen zu öffnen für Ungereimtheiten der derzeitigen Situation. War es irgendwann in der Geschichte einmal so, dass die Güter materieller oder anderer Art gerecht verteilt waren? Noch nie. Die Pharaonen schwelgten im Reichtum und wurden in Pyramiden begraben, für die tausende von Arbeitern schufteten und starben. Herrscher schickten ihre Untertanen unter den verschiedensten Täuschungen in den Krieg und in den Tod, verteilten Gaben, als ob sie ihnen gehörten und nicht in Wirklichkeit von den »Beschenkten« selbst erstellt worden waren. Diese Dankbaren besangen noch die großen Herren, ihren glorreichen Kampf. Die Literatur rankte (oder auch nicht) Legenden um die Opfer des Volkes für Ideale, an denen es nie teilgehabt hat.

Ist es heute besser? Bei uns in Europa weitgehend ja. In der restlichen Welt nicht überall. Jahrzehnte langer Frieden und Sicherheit lassen uns dennoch auf hohem Niveau unzufrieden sein. Denn der Wohlstand ist ungleich verteilt.

Man sagt, wir hätten zumindest die Möglichkeit, uns hochzuarbeiten und gut zu verdienen. Allerdings leben wir in einem System, das sich über Jahrhunderte entwickelt hat. Bezahlung richtet sich nicht unbedingt danach, wie viel Mühe dahinter steckt. Ob das Erarbeitete besonders wichtig ist oder ob es nur dem Luxus dient. Die Bezahlung hängt davon ab, was ein anderer bereit ist, dafür zu bezahlen, sie hängt ab von der Spezialisierung, der Länge der Ausbildung, dem Können und der Geschicklichkeit, aber auch von der Rücksichtslosigkeit und dem Sinn für den eigenen Vorteil.

Alles, wovon und womit wir leben, ist in irgendeiner Form von irgendjemandem geschaffen worden. Nehmen wir mal eine beliebige Familie. Sie hat eine Wohnung, sie heizt, sie braucht Wasser, Strom und Gas, ihr wird die Post gebracht. Das Auto, die Möbel, das Geschirr, die Gardinen, das Bad, die Kleidung, alles steht zur Verfügung und ist irgendwann mal erarbeitet worden. Dazu kommt der tägliche Bedarf, der bei Nahrungsmitteln anfängt und beim Benzin, der Urlaubsreise und schließlich bei den Krankheitskosten aufhört. Das kann keiner allein erstellen, selbst wenn die Familie mit hilft. Das geht nur, wenn eine große Zahl anderer Mitmenschen ihre Leistung einbringt. Nehmen wir einen Arzt. Er arbeitet hart und hilft anderen Menschen, gesund zu werden und zu bleiben. Das ist sein Beitrag. Dafür baut ein anderer an seinem Auto, bringt ihm die Post oder backt sein Frühstücksbrötchen. So trägt jeder seinen Teil bei, dabei ist die Bezahlung unterschiedlich. Der Postzusteller bekommt jetzt einen Mindestlohn, andere nicht. Änderungen scheinen nötig zu sein und werden immer wieder angemahnt und auch erreicht.

Aber Änderungen können auch neue Ungerechtigkeiten schaffen. So sind die jetzt kommenden Lohnerhöhungen, soweit ich das beurteilen kann, eine gute Sache. Sie führen aber unweigerlich zu Abstrichen bei den Rentnern und anderen Gruppen, weil deren Anpassung, darauf könnte ich wetten, unzureichend ausfallen wird.

Wenn ich einige eigene Vorschläge machen darf, dann die, dass derjenige beim Einkommen besonders gut eingestuft sein soll, der sich persönlich einbringt, in erster Linie seine Zeit, aber auch sein persönliches Risiko. Wie zum Beispiel der Soldat im Einsatz, der sein Leben in Afghanistan einsetzt. Dessen Witwe gegenüber ausgeschiedenen Ministern geradezu unverschämt gering abgefunden wird. Auch für die Polizei würde ich mir mehr Anerkennung wünschen. Die selbständigen Unternehmer dürfen und müssen sehr gut verdienen, nicht nur für ihre Leistung als kluge Arbeitgeber, sondern weil sie ihre Existenz einsetzen.

Alles in allem sollten wir versuchen, eine bessere Balance zwischen Verdienst und wirklicher Leistung zu erreichen.

Zwar ist Gerechtigkeit ein gutes Ziel. Aber wenn ein anderer mehr hat, so habe ich nicht unbedingt weniger. Wenn jemand weniger Erfolg hat, könnte es auch an ihm selbst liegen. Nicht immer darf man das Umfeld oder »den Anderen« für die Ursache halten. Und für eine neue Chance ist es nie zu spät.

Natürlich ist Neid eine allzumenschliche Reaktion und hat seine Grundlage in der oftmals mangelnden Balance zwischen Leistung und Bezahlung. Dabei vergisst man, dass gerade die »Reichen« nicht selten unzufrieden und damit unglücklich sind. Weiß ich, ob der Beneidete nicht vom Ehrgeiz zerrieben wird? Vielleicht kann er nachts nicht schlafen, vielleicht leidet er unter seinem Stress. Weiß ich, ob er die Schönheiten des Lebens, eine Blume, das Blau des Himmels so sieht wie ich, ob er Freundschaft und Liebe erfahren hat? Vielleicht ist er viel unglücklicher als ich.

F. Kinder

Die Psychotherapeutin Christa Meves, selbst mehrfache Mutter, schöpft aus der Erfahrung jahrzehntelanger Betreuung von Kindern, die sehr oft in der unterschiedlichsten Form verhaltensgestört sind. Ihre Bücher wurden millionenfach verkauft und wurden zum festen Bestandteil für die Unterrichtung und Führung von Kindern oder sollten es jedenfalls sein. Das gilt für Erzieher im weitesten Sinne und natürlich auch für Eltern. Sie schöpft aus den Erkenntnissen der Verhaltensforschung und findet Parallelen zur Tierwelt.

Ich beziehe mich auf ihr neues Buch »Geheimnis Gehirn«, das eine komprimierte Fassung ihrer früheren Veröffentlichungen ist, erweitert durch neueste Erkenntnisse der Neurobiologie und der Hirn- und Hormonforschung.

Wir sind Eltern von vier wohlgeratenen Kindern und hatten das Glück, das muss ich ausdrücklich betonen, dass alles gut wurde. Für mich, viel mehr noch für meine Frau, gab es keine Anweisung von außen. Es stand nie zur Diskussion, dass die einfache Elternliebe nicht ausreicht, sondern dass Zeit, geschenkte Zeit mit Zuhören und Erklären, nicht Strafe, sondern Lob und Vorbildsein die wichtigsten Prämissen der Erziehung sind.

Auf Grund der räumlichen Trennung kam mein Vater nur selten zu Besuch. Er ließ aber Anklingen, dass gelegentliche körperliche Züchtung angebracht wäre. Dieser Meinung waren wir nicht. Dabei hatte er selbst uns vier Brüdern höchstens einmal einen Klaps gegeben. Meine Mutter hielt sich mit Ratschlägen zurück, außer wenn sie gefragt wurde. Das halten wir auch so bei unseren Enkeln, obwohl es manchmal, wie man so schön sagt, »in den Fingern juckt«.

Doch zurück zu Christa Meves. Sie hat und hatte es in ihrer Praxis mit Kindern zu tun, deren Entwicklung nicht den Wünschen entsprach. Sie möchte vorsorgen und heilen. Sie kennt sich in den Symptomen aus und beschreibt sie. Beim Studieren ihrer Bücher wird klar, welche Gefahren für die kindliche Entwicklung lauern. Mangelnde Zuwendung kann zur einer depressiven Charakterstruktur führen mit Passivität und Resignation, zu Kontaktstörung und Anpassungsschwierigkeiten. Die moderne Hirnforschung ist dabei, diese Dinge zu bestätigen.

Unter den vier von der Autorin genannten Lebenstrieben (Nahrungstrieb, Bindungstrieb, Selbstbehauptungstrieb und Geschlechtstrieb) erscheint mir der Bindungstrieb jener zu sein, an dem durch falsche Erziehung am meisten verdorben werden kann. Sowohl zu Haus durch Unangemessenheiten bei der Pflege des Kleinkindes als auch durch zu viele Trennungen von der Mutter durch Krankenhausaufenthalte, Krippen oder Tagesmutterbetreuung.

Zu Haus contra Krippe?

Hier kommt es zum Schwur: Wenn es stimmt, dass »die Gefahr einer tief greifenden, kaum wieder löschbaren seelischen Beschädigung gar nicht hoch genug eingeschätzt werden kann, wenn durch das Fluktuieren der das Kind pflegenden Personen monatelang eine Bindungsmöglichkeit für das Kind von Anfang an unterbunden wird« (Zitat C. Meves), so kann das nicht negiert werden. Sie schreibt weiter: »Die rumänischen Heimkinder und die tschechischen Krippenkinder haben der Hirnforschung hier zu erschreckenden Einsichten verhelfen können«.

Viele Politiker, allen voran die von mir hoch geschätzte Ministerin Dr. Ursula von der Leyen, die in ihrer kurzen Amtszeit schon sehr viel für die Familien getan hat, vertreten die frühe und möglichst allumfassende Betreuung der Kinder in

Krippen. Chancengleichheit, das Erlernen einer gemeinsamen Sprache, soziales Verhalten und Kommunikation würden gefördert, die Eltern würden entlastet und hätten mehr Zeit für die Berufsausübung.

Gesellschaftspolitisch steht fest, dass sich die Verhältnisse, wie sie noch kurz nach dem Krieg bestanden, geändert haben. Damals war es die Regel, dass Mütter zu Hause blieben. Jetzt will die inzwischen emanzipierte Frau in ihrem Beruf arbeiten, sie muss es vielfach aus finanziellen Gründen.

Man mag das bedauern. Aber so ist es nun einmal. Das fragwürdigste Argument für die alten Sitten ist, dass es dann keine Arbeitslosigkeit gäbe, weil die freibleibenden Stellen für die Männer zur Verfügung stünden.

Frauen sind lange in ihrer freien Entfaltung gehindert worden. Sie sind wunderbare und hoffentlich gleichberechtigte Partner geworden, die nur das Pech haben, das Kinderkriegen nicht zur Hälfte den Männern abgeben zu können im Tausch gegen Arbeitsplätze.

Besteht die Alternative entweder in materieller Askese, also Erziehung in der Familie mit Verzicht der Frauen auf Verdienst und Entfaltung, oder folgt man dem Krippenmodell? Das Ganze ist so wichtig, dass es nicht in dem blöden Schlagwort »Herdprämie« abgehakt werden kann. Auch ich glaube, dass elterliche Nähe in den ersten drei Lebensjahren durch nichts ersetzt werden kann. Aber sind alle Eltern überhaupt in der Lage, Kinder zu erziehen? Sind sie Vorbild, wenn sie sich streiten, sogar trennen, womöglich rauchen und trinken, die Kinder vor den Fernseher abschieben oder wegschicken?

Müsste »Eltern sein« gelehrt werden, ehe Kinder kommen?

Sind auf der anderen Seite die Krippen überhaupt zuverlässig in der Lage, den in sie gesetzten Ansprüchen zu genügen? Personelle Engpässe und ungenügende Weiterbildungsangebote an die Erzieher sind zu befürchten, Ausgrenzungen einzelner Kinder zu erwarten. Sind die »von oben« gegebenen Vorlagen möglicherweise schon wieder überholt, wenn sie Vorschrift werden sollen und besteht nicht die Gefahr einer ideologisch gesteuerten Einseitigkeit? Das sind Fragen, die im Raume stehen und kaum eindeutig zu beantworten sind.

Wird das Kind glücklicher, wenn die Eltern betucht oder genug staatlich gefördert und bereit sind, in den ersten Lebensjahren für das Kind präsent zu sein? Oder wird es sozial unterentwickelt, wenn es keinen Kontakt zu anderen Kleinstkindern hat?

Die Argumente sind bekannt, ich habe sie nur neu formuliert. Die Fronten sind offensichtlich und Gott sei Dank schon durchlässig.

Es wird sich nicht erreichen lassen, dass alle Kinder gleiche Chancen haben. Die haben sie schon wegen des Erbgutes nicht. Auch nicht wegen der Unterschiede der Umgebung, der Lehrerinnen und Lehrer sowie der Freunde. Selbst wegen der Eltern nicht, denen zwar in jedem Fall noch die meiste Zeit der Woche bleibt, sich um die Kinder zu kümmern, die aber keine gleichen Voraussetzungen bieten können.

Die Gesellschaft ist nicht etwa gebeten, sondern sie ist meiner Meinung nach verpflichtet, weiter wie bisher für jedes Kind das Beste zu finden und zu verwirklichen.

Vieles ist gerade in der letzten Zeit getan worden. Ich freue mich über den Vorschlag, denen, die es wollen, aber finanziell nicht können, Ausfallgeld zu zahlen, wenn sie ihr Kind allein erziehen wollen. Aber ihnen gleichzeitig die Möglichkeit zu geben, jederzeit die Krippen zu nutzen.

Wenn Großeltern, Verwandte und andere einspringen, so darf das nicht ohne Honorierung bleiben.

Ein großes Fragezeichen bleibt immer. Was heute geschieht, kann erst in Jahrzehnten in seiner Richtigkeit beurteilt werden. Welche Art der Betreuung war die Richtige? War sie überhaupt und wenn ja zu wie viel Prozent entscheidend, für das Glück, den Erfolg, das ganze Leben?

Lernhilfen

Herr Otto Stender hat in Hannover eine Organisation ins Leben gerufen, Mentor (mentor@region-hannover.de), in der Rentner lernschwachen Kindern Unterricht geben. Hier erschließt sich eine wunderbare Möglichkeit einer Symbiose zwischen alt und jung. Die Alten erleichtern den jungen Leuten den besseren Einstieg in das Berufsleben. Und sie fördern die so wichtige Integration.

Ganz entscheidend ist dabei ein neues Lebensgefühl für die »ausrangierten« Alten: Sie werden gebraucht. Sie haben wieder Ziele und sie überwinden die Einsamkeit.

Abgesehen davon könnte der schon wie eine Gewitterwolke drohende Arbeitskräftemangel, der Folge des Pillenknicks ist, durch Motivation der Rentner, sich nicht ganz und gar zur Ruhe zu setzen, abgemildert werden. Sie könnten, mehr als bisher, im alten Beruf ein wenig aushelfen, im Betrieb der erwachsenen Kinder oder bei Freunden mitarbeiten, sie unterstützen. Oder vertretungsweise irgendwo sonst eintreten. Sie könnten, wenn sie genügend Kraft haben, manchmal an die Stelle der von Christa Meves geforderten jugendlichen Kleinkindbetreuer treten.

Warum erwartet man von Pensionären, immer nur ehrenhalber zu arbeiten? Leistung kann doch bezahlt werden. Und die anfallenden Steuern könnten dann denen zugute kommen, die nicht mehr in der Lage sind, tätig zu werden. Die Lücken, die durch den Nachwuchsmangel entstehen, würden dann, wenigstens zu einem Teil, durch die älteren Menschen geschlossen werden und auf zusätzliche Immigration könnten wir verzichten.

Es wird in der Zukunft überhaupt die Frage sein, inwieweit

die nachrückende Generation bereit sein wird, für die älteren
Menschen und besonders für die Pflegebedürftigen zu sorgen.

G. Rettung für die Familie
(von Christa Meves)

Die Familie in unserer Republik ist in Gefahr! Immer mehr Menschen bleiben Singles, immer mehr Eltern lassen sich scheiden. Pro Jahr entstehen so unter den unmündigen Kindern 160.000 Scheidungswaisen. Immer mehr Kinder wachsen bei allein erziehenden Müttern (manchmal auch Vätern) auf, einige Eltern (glücklicherweise aber nur 0,7%) versagen und brauchen staatliche Hilfe.

Wie können wir der Familie wieder auf die Beine helfen? Denn es geht nicht ohne sie. Das können wir heute wissenschaftlich belegen. Langzeitstudien haben bewiesen, dass Menschen aus intakten Familien und dazu mit einem praktizierten christlichen Glauben im statistischen Mittel gesünder sind als Menschen in anderen Lebensformen, ja dass sie eine längere Lebenserwartung haben als die aus zerrütteten Familien. Lebensleistung gelingt eher, wenn Kinder bei sorgsamen Eltern oder Großeltern aufgewachsen sind.

Und das heißt: Es geht nicht ohne eine gesunde Familie, also treu durchhaltende, beschützende Väter, vor allem aber: Es geht nicht ohne die Mütter. Wenn die Mütter nur gelegentlich anwesend sind, so lange die Kinder klein sind, gedeihen sie nur mittelmäßig und viele von ihnen sogar gar nicht.

Viele von ihnen werden als Erwachsene Loser, die von den Arbeitenden bezahlt werden müssen.

Psychotherapeuten können das beweisen. In den letzten beiden Jahrzehnten hat die Hirn- und Hormonforschung dem hundertjährigen Erfahrungswissen der Psychoanalytiker mit harten Fakten unter die Arme gegriffen: Denn in den ersten drei Jahren konstituiert sich das Gehirn - wenn es dort urnatürlich zugeht und zwar ähnlich leibnah bei der Mutter wie die Äffchen bei der ihren, dann sind sie später dem Lebenskampf eher gewachsen und werden fruchtbare Glieder ihrer Gesellschaft. Wenn sie gar das Glück haben, sich in den ersten beiden Lebensjahren Lebensglück aus dem Leib ihrer leiblichen Mutter ersaugen zu dürfen, dann sind sie bereits im Alter von 10 Jahren in ihrem Intelligenzquotienten denen, die in Heimen und Krippen groß wurden, um 7 Punkte überlegen! Das ist in mehreren internationalen Langzeitstudien belegt worden.

Also müssen wir uns danach richten. Es ist doch eine Existenzfrage! Ja, das hat jeder etablierte Politiker mittlerweile sogar begriffen: Als Republik in der Mitte Europas haben wir auf die Dauer nur die Chance, wettbewerbsfähig zu bleiben, wenn wir auf die Bildung vom frühen Kindesalter an setzen! Aber wie tödlich falsch sind dann die Bemühungen, die die Kinder bis zur Minderung der Leistungsfähigkeit durch Kollektivierung lebenslänglich beeinträchtigen! Kinder sind kostbare Pflanzen und sie haben - wie diese - ENTFALTUNGSBEDINGUNGEN!

Was also tun? Erst einmal alles auf DIESE Karte setzen. Wir müssen aus Wissenschaft und Erfahrung aufbauend handeln und schleunigst daraus die richtigen Schlüsse ziehen. Das Konzept dazu, Mutter als Beruf, heißt es, ist seit vollen 10 Jahren fertig und über das Internet bereits von 11.000 wachen, klugen Menschen mit ihrer Unterschrift bekräftigt worden.

Die wichtigsten Programmpunkte sollen hier genannt werden: Mutterschaft müsste zu einem selbständigen, anerkannten, auch finanzielle Sicherheit bewirkenden Beruf ernannt werden. Dies zu erreichen ist einfacher, als man sich das jetzt während der hochbrandenden Debatten vorstellen kann. Es ist viel billiger als flächendeckend Krippen einzurichten mit teuren Hilfskräften in großen Scharen; denn pro Betreuerin mehr als drei bis vier Kinder, eigentlich sogar nur zwei, dürften es in Krippen nicht sein, um Bindung zu erwirken. Das ist aber zwingend notwendig, wenn das Kleinkind keine Schäden davon tragen soll. Diese Notwendigkeit ist zu sicher erforscht, als dass man sie noch abstreiten könnte. Die Betreuerinnen sollen aber nun laut Regierungsplan in Zukunft mindestens ein Hochschulstudium nachweisen, um der in der Tat lebenswichtigen Aufgabe gewachsen sein zu können. (Dann brauchten sie aber mindestens ein Gehalt von 4.000 €). Sie können der Aufgabe aber dennoch nicht gewachsen sein, weil das Baby eine rundum anwesende Person braucht - eine Supernanny müsste das also sein.

Doch die Betreuerinnen in den Krippen haben auf jeden Fall Schichtdienst und einen Anspruch auf mindestens vier Wochen Urlaub. Krippe für Kleinstkinder ist also allemal a) zu teuer und b) immer unzureichend, weil die Betreuer die Mutter nicht ersetzen können und die Schäden, die eben meistens zu lebenslänglichen Beeinträchtigungen führen, sich nicht vermeiden lassen. Immer mehr Zweijährige beginnen dann, ihre Mitopfer zu beißen, wie ich das jüngst dreimal von Krippenkindern zu sehen bekommen habe. Ja, in diesem Alter beißen sie den Rivalen noch direkt ins Fleisch, aber mit 18 Jahren und unter dem Einfluss von TV und Videospielen beißen sie dann auf eine so brutale und verallgemeinerte Art, dass das die harmlos schlafende Gesellschaft doch vom Sessel hochkommen lässt, wie die zunehmende Gewalt auf den Strassen unserer Republik beweist.

Dringlich ist es also zu lernen, dass durch verfrühtes Kollektivieren der Babys und Kleinkinder keineswegs das besonders gut entwickelt wird, was so sehr wünschenswert ist: die Sozialisation, und das heißt eine hochentfaltete Gemeinschaftsfähigkeit. Nein, das Gegenteil ist der Fall, wie auch bereits bei der Langzeitstudie NICHD in den USA herausgefunden wurde: Die ehemaligen Krippenkinder sind aggressiver, unruhiger, und entwickeln eine Neigung, sich zu aggressivem Verhalten zusammenzufinden. Und das heißt: Durch die flächendeckende Einrichtung von Krippen und die sofortige Rückkehr der jungen Mütter in die Erwerbstätigkeit wird Gleichheitsideologie an die Stelle einer realistischen Pädagogik gesetzt. Die

Möglichkeit, sich über den Tellerrand seines Uregoismus' zu Hilfsbereitschaft und Verantwortungsgefühl für die anderen hinauszuentwickeln, braucht eine duale Vorstufe durch eine ungestörte Mutter-Kind-Beziehung in den ersten drei Lebensjahren.

Um das einzuleiten, brauchen wir ein gezieltes Programm. Es ist möglich, es mit den richtigen, den echten Müttern zu erreichen, dass sie anwesend sein können, dass es überhaupt wieder mehr Frauen für sinnvoll halten, Mütter zu werden. Wenn die werdenden Mütter ein volles halbes Jahr für den Umgang mit ihren Bambinos ausgebildet werden, so dass sie die Wichtigkeit dieses ihres Berufes begreifen, werden sie die Angst verlieren, dass ihnen als »Heimchen am Herd« »die Decke auf den Kopf fällt«. Sie müssen nach der Geburt des Kindes ein Zertifikat und darüber hinaus gleich ein Gehalt bekommen. Diese Summe wird nach der Geburt weiterer Kinder aufgestockt, und danach eine eigenständige Rentenzahlung garantiert. Das würde bewirken, dass Mütter sich nicht länger abgewertet fühlen, sondern als das eingeschätzt werden, was sie vollbringen: das wichtigste Tun im wichtigsten Beruf aller Berufe.

Wie schnell würde Deutschland wieder mit so einem Programm auf die Beine kommen!

Viele weitere Programmpunkte, die billig und gut sind, haben wir in unserem Programm zur Sanierung der Familie ausgearbeitet, die sich hier nicht in voller Breite ausführen lassen. Echte Wahlfreiheit wird dann auch dadurch entstehen können, dass man gestandenen Müttern bei ihrem Wunsch nach Rückkehr in eine andere Berufstätigkeit den Vortritt einräumt.

Eine weitere wichtige Hilfe: Der jungen Mutter wird mindestens für ein Jahr nach der Geburt eines Kindes eine kostenlose Hilfskraft zur Verfügung gestellt, ein schulentlassenes Mädchen, das ein Familienjahr - dem Wehrdienst der Jungen entsprechend – abzuleisten hat. Die Facherfahrung lehrt: Diese bekommen durch den Umgang mit Babys in diesem Alter Lust auf ein eigenes Baby! (Die Hormonforscherin Louanne Brizendine bestätigt diese Erfahrung durch den Nachweis von vermehrtem Oxytocin bei jungen Mädchen angesichts eines Babys). Eine solche Maßnahme wäre also ein weiterer zusätzlicher Anreiz zur Familienbildung, wie wir sie dringlichst brauchen, um dem Geburtenschwund und damit dem drohenden Volkstod zu begegnen.

Eine zweite Vision für eine gesündere Gesellschaft müsste in der Überwindung des destruktiven Feminismus' bestehen. Die militanten Feministinnen sagen es unverblümt: »Wir kämpfen nicht nur um ein wenig Quote; nein, wir wollen die Macht über die Männer.«

Das ist ebenso überheblich wie töricht; denn die Zahl der Single-Karrierefrauen, die mit einer Depression in Frührente gehen, wird immer größer.

Wir brauchen deshalb ein verändertes Schulsystem, in dem die Jungen nicht hinter den Mädchen benachteiligt sind, wie es jetzt geschieht. Denn nicht Machtkämpfe werden uns Segen bringen, sondern allein die Akzeptanz und die Bemühung von liebevollen Frauen um den Gefährten Mann. Beglückende Gemeinschaft in der Ehe enthält die Möglichkeit, sich gegenseitig zu ergänzen im Bemühen um die gemeinsame Verantwortung für die gemeinsamen Kinder, im Bemühen um gegenseitige Achtung des Elternpaares voreinander, um den Kindern bei der Findung ihrer geschlechtlichen Identität das unbedingt erforderliche Vorbild zu sein. Das heißt: Den Scheidungen - 50% sind es in den Großstädten bereits - muss durch ein verändertes Schulsystem entschieden begegnet werden.

Deshalb ist ebenfalls ein veränderter Tenor in der Lehrausbildung notwendig, damit ein nüchtern realistischer Geist auf dem Boden des christlichen Menschenbildes in der Schule wieder Einkehr halten kann. Es gibt Werteerziehung nur auf dieser Grundlage.

Außerdem müsste eine Verkürzung der Ausbildungsgänge durchgesetzt werden. Weder gleichmacherische Kollektivierung noch elend verkopfte verintellektualisierte Dressur und Stoffüberbürdung kann der Erziehung zum Menschen angemessen sein, schon ganz und gar, seit der Computer erfunden ist. Stures Einpauken von Wissensquantität ist durch dieses Instrument der Technik überflüssig geworden. Pisahektik sollte aus den Lehr- und Prüfungsplänen zugunsten zumutbarer Leistungskontrollen weichen.

Die neue Schule sollte - am christlichen Menschenbild orientiert - der Vielfalt der Begabungen mehr Raum geben und darüber hinaus Gemeinschaftssport, Sport und nochmals Sport in den Hauptschulen, auch am Nachmittag, für diejenigen Kinder einrichten, die einen unzureichenden Familienhintergrund haben. Die Spielregeln der Kommunikation sollen über dieses Fach eingeübt werden. In den jetzigen sogenannten »Hauptfächern« sollte man sich darauf beschränken, die Grundlagen zu legen und die Nutzung des Computers zu ermöglichen.

Die Entfaltung der Kreativität, so hat uns die Hirnforschung gelehrt, lässt bisher noch ungeahnte Steigerungen des Wesens Mensch denkbar werden. Es ist nicht angängig, dass durch die fatale verkopfte, einseitige Vermassung der Schule den Kindern die Lernlust ausgetrieben wird, wie es heute oft geschieht. Die Verwirklichung der Fähigkeiten des Menschen werden sich noch beträchtlich steigern lassen, wie es sie noch niemals gab. Dieser Neuanfang kann nur von unten, von den noch bemühten Personen in der Bevölkerung ausgehen, die das neu bewährte christliche Menschenbild als Grundlage haben. Wir sind das Volk! Die Familie muss neu im Mittelpunkt aller Bemühungen stehen. Sie hat sich als unaufgebbar erwiesen. Sie ist der Ort, an dem Liebe geschenkt und eingeübt werden kann. Dadurch ist sie die Urzelle des Staates, ohne die es kein Gedeihen gibt; die Liebe ist die Grundlage einer sich zur Menschlichkeit hinauf entwickelnden Gesellschaft.

Namhafte Experten kommen zu Wort. Eine tatsächliche Abnahme der Wirbelstürme über dem Atlantik oder der extreme Wintereinbruch in China 2008 könnten vielleicht dafür sprechen, dass Klimawandel anders stattfindet als bisher allgemein angenommen.

Andere Autoren wie Björn Lomborg weisen darauf hin, dass man sich eher um die Erfindung besserer Technologien bemühen sollte als Gelder für unzureichende und teuere Teillösungen auszugeben.

Aber selbst wenn die Klimaänderung nicht durch uns Menschen verursacht ist, haben wir nicht das Recht, fossile Vorräte hemmungslos zu plündern und unseren Nachkommen leere Lagerstätten zu hinterlassen. Die langfristig unsichere »Endlagerung« von radioaktiven Substanzen ist ein Skandal.

Die gelegentlich zu hörende Meinung, der Menschheit würden schon Ersatzlösungen für Kohle, Erdöl und -gas einfallen, ist eher utopisch.

Sparsamkeit ist also in jedem Falle angebracht. In »alten Zeiten«, gab es weder Benzin noch Strom. Dementsprechend hatte man viele der Bequemlichkeiten unserer Zeit nicht. Die Menschen waren wahrscheinlich nicht glücklicher als wir, aber auch nicht unglücklicher. Sie lebten allerdings kürzer als wir und waren weniger gesund. Das ist jedoch überwiegend auf schlechtere Hygiene und weniger gute medizinische Versorgung und nicht auf eine geringere Nutzung von Energien zurückzuführen.

Diese Überlegung zeigt, dass eine bescheidenere Lebensführung nicht zwangsläufig ins Unglück führt, zumal durch Einsparungen an überflüssigem Verbrauch (Sparlampen, nicht alle Zimmer heizen, sparsame Autos, keine ganztägige Warmwasserzirkulation) das Ausmaß des Verzichtes abgepuffert wird.

Ein Beispiel sei genannt: Durch den Verzicht auf eine ganztägige Warmwasserzirkulation hat unsere Familie fast ein Viertel weniger Strom verbraucht. Wir ließen es nur zirkulieren, wenn geduscht wurde oder bei wenigen anderen Anlässen. Eine Umfrage im Bekanntenkreis zeigte, dass kaum jemand darüber nachgedacht hat.

»Freiheit ist Einsicht in die Notwendigkeit« (Georg Wilhelm Friedrich Hegel, deutscher Philosoph 1770 – 1831). Das bedeutet, wir sind frei, wenn wir einsehen, dass es so wie bisher nicht weitergeht, und wenn wir entsprechend handeln.

Wenn jetzt von den Energieunternehmen Energiesparen propagiert wird, so ist das hoch zu schätzen, weil sie eigentlich an dem Ast sägen, auf dem sie sitzen. Es sei denn, sie haben ausgleichende Preiserhöhungen schon fest vorgesehen. Die Aussage von Herrn Bernotat von EON, Strom sei viel zu billig, hat viel Empörung ausgelöst. Aber er hat Recht. Wenn es keine Einsicht in die Notwendigkeit gibt, kann Sparsamkeit nur über den Preis erreicht werden. Ob er das so gemeint hat?

Bei der Suche nach alternativen Energien hat es immer wieder Rückschläge gegeben. Schon oft haben sich bei scheinbar noch so harmlosen Vorgängen gravierende Nachteile herausgestellt. Neuestes Beispiel ist Biokraftstoff. Die Nachteile werden erst jetzt deutlich, weil bei der Erzeugung offenbar mehr Energie benötigt als beim Verbrauch gespart wird.

Die Kernenergie wurde im Beginn ihrer Entwicklung als Heilsbringer gefeiert, bis Tschernobyl kam. Bei der Kernfusion werden wir wahrscheinlich Ähnliches erleben.

Die Brennstoffzelle verbraucht Platin, das frei gesetzt eines der stärksten krebsauslösenden Gifte sein könnte.

Wind steht nur beschränkt zur Verfügung. Zur Sonnenkraft fallen mir keine Gefahren ein. Sie könnte vielleicht die größte Chance der zukünftigen Energieversorgung sein. Die Ideen, ganze Berge in den südlichen Ländern oder die Wüsten mit Solareinheiten zu bestücken oder den Wärmeauftrieb in riesigen Hohlräumen zu verwerten, scheinen mir faszinierend. Nur müssten die Fragen der Speicherung und eines Transportes über lange Strecken gelöst sein. Aber schon hört man, wichtige Substanzen für Sonnenkollektoren werden knapp.

Das Horrorszenario einer Explosion in einem Atomkraftkraftwerk, die Versenkung von Tankern oder die Sprengung von Pipelines durch Fanatiker oder Phantasten ist nicht von mir erfunden. Aber sind wir vorbereitet, mit einem kleinen Prozentsatz der derzeitig verfügbaren Energie von jetzt auf sofort auszukommen, wenn das Schreckliche eintritt?

Bleibt als richtige Lösung nur die absolute Sparsamkeit?

Ein kleines Kompliment, sagte eine NDR Redakteurin, wirkt bei uns Frauen wunder. Bei uns Männern auch. Ein Lächeln wird meistens erwidert. Ein freundliches Wort, etwas Hilfsbereitschaft, aufmerksames Zuhören und Verlässlichkeit kosten nichts und strengen nicht an. Sie bereichern den Alltag

Wenn ich viele Freunde und so manche andere anschaue, sehe ich viel Gleichgültigkeit und Trennung in den Beziehungen. Meine erste derartige Erfahrung in dieser Richtung machte ich bei meinen Eltern. Mein älterer Bruder und ich versuchten immer wieder zu schlichten. Es gelang nicht. Das Geheimnis einer zerrütteten Ehe mögen Eheberater herausfinden. Wir konnten es trotz endloser Gespräche nicht. Ich kann dich nicht riechen, ich kann dich nicht (er)leiden, ich kann es (dich) nicht mehr hören. Die Ursachen liegen im Emotionalen, nicht in den gegenseitig erhobenen Vorwürfen. Darüber öffnet sich ein Partner nur sehr ungern, nicht den Kindern, nicht Freunden oder Fremden, vielleicht einem Spezialisten gegenüber.

Eine böse Erfahrung war die Äußerung eines Mannes, der von seiner Frau als »alter Gurke« sprach. Die vielen Ehewitze verunglimpfen das, was das Beständigste und Wertvollste im Leben sein kann.

Waren bei den gescheiteten Beziehungen im Anfang ausschließlich die Hormone das einzig Bestimmende und warum blieben sie es nicht? Das sind Fragen, die so ausgelutscht sind, dass ich darauf nicht eingehe. Angeblich ist die Gewohnheit der Feind jeder Beziehung: immer das Gleiche. Aber ich atme doch immer das Gleiche, esse ähnlich, ziehe mich kaum anders an. Es wird nicht langweilig. Weil es nötig ist. Dass eine glückliche Beziehung nicht zu ersetzen ist, wird verdrängt, weil das Neue immerzu vor der Nase liegt mit der Verlockung, die dann doch allzu leicht wieder in der Gewohnheit endet. Darum habe ich meinen Kindern immer wieder gesagt, dass einmal JA gesagt nur in Frage steht, wenn das Zusammenleben eine Qual wird.

Viele denken, die Ehe oder die enge Partnerschaft läuft von selbst. Muss man daran arbeiten? Vielleicht. Auf jeden Fall darf das Glück nicht als selbstverständlich hingenommen werden. Ich glaube, dass gewisse Geheimnisse immer bleiben. Um sie zu erforschen, kann man sich beachten und zuhören, erzählen, reden. Und da ist etwas anderes. Ich habe das erst später erkannt, aber instinktiv immer befolgt. Es ist die Nähe, zusammen zu sitzen oder zu liegen, die gleiche Luft zu atmen und sich zu berühren. Eine Umarmung, ein Kuss. Weil dann Milliarden Moleküle in Form von Mikroorganismen ausgetauscht werden und sich damit dein und mein Mikroorganismus vermischt und befruchtet.

Eine beständige Liebe bleibt, bei aller Theorie, eine glückliche Fügung. Aber es ist auch Formung an sich selbst. Nach meiner Theorie gefährdet Untreue nicht nur das Vertrauen, sondern auch die Harmonie der Mikroorganismen.

Ein Knackpunkt sind Kinder. Es ist wunderbar, Kinder zu haben. Keine Belastung durch Kinder kann dieses Glück mindern. Es ist schlimm für Paare, deren Wunsch nach Kindern nicht in Erfüllung geht. Andere, die sich gegen Kinder entscheiden, haben gute Gründe. Sie glauben, einer kinderfeindlichen Welt gegenüber zu stehen. Und nüchtern betrachtet haben sie damit nicht ganz unrecht. Kinder werden den Leuten oft lästig, weil sie herumtoben, Fragen stellen und im Wege stehen. Man mag deswegen eine Wohnung lieber an ruhige Mieter geben als an kinderreiche. Den knapperen Finanzen stehen Kindergeld, Krippen und andere Hilfen wie Steuererleichterungen gegenüber. Es ist allerdings meiner Meinung nach falsch, das Kindergeld mit jedem weiteren Kind zu steigern. Die Umstellung des gesamten Lebens der Partner, die vielen notwendigen Anschaffungen sind beim ersten Kind besonders einschneidend. Ein hoher Zuschuss für die ersten Kinder wäre angesichts des Nachwuchsmangels in Deutschland ein wirklicher Anreiz, Kinder zu bekommen. Bekommen die sechsten oder siebten Kinder am meisten Hilfe, könnten Kinder in Einzelfällen eher zum Lebensunterhalt der Eltern erzeugt und dann nur allzu leicht vernachlässigt werden. Am besten wäre eine sehr gute Förderung für alle Kinder.

Um es ganz klar zu sagen: Es ist die Krönung des Lebens und der Partnerschaft, ein Kind zu bekommen. Zu erleben, wenn es die Ärmchen ausstreckt und uns anlächelt, das Leuchten der Augen zu Weihnachten zu sehen und überhaupt. Die Fragen: Papa, wer hat den lieben Gott gemacht? Warum ist die Kugel rund? Können denn Hunde lesen (beim Betrachten eines Verbotsschildes für frei laufende Hunde im Wald)? Die ersten Stehversuche, die ersten Worte und Schritte, die Freude über Kleinigkeiten. Das Lachen! Die ganze Entwicklung, bis sie erwachsen sind, wenn sie selbst älter werden und die kleinen Enkel dann Oma und Opa sagen. Die stete Sorge, auch Angst, ist allgegenwärtig, ob das Kind unglücklich fällt, im Schlaf erstickt, sich verschluckt, gesund bleibt, sich normal entwickelt und wie seine Zukunft aussieht. Aber diese Sorgen werden tausendfach durch die Gegenwart des Kindes belohnt.

J. Zukunft und Wachstum

In diesem Kapitel möchte ich vorab Abtprimas der Benediktiner Dr. Notker Wolf zitieren, und zwar aus seinem Buch «Worauf warten wir«: »Wir besitzen also ein Fundament. Wir können wissen, wer wir sind«. Nachdem er eingangs gesagt hatte, Deutschland käme ihm wie ein großer Wartesaal vor voller Warntafeln, ein Volk von Untertanen ohne persönliche Verantwortung unter der Fürsorge und Bevormundung des Staates, zitiere ich weiter: «Wir können wissen, wer wir sind. Wir haben deshalb keinen Grund zu Pessimismus. Pessimismus ist oft ein Zeichen für Selbstbetrug. Solange wir uns der europäischen Werte bewusst sind, brauchen wir uns nicht zu scheuen, die Fakten zur Kenntnis zu nehmen. Nur Realisten können auf Dauer optimistisch sein.

Realismus aber schließt Visionen nicht aus«.

Die europäischen Werte sind auch die christlichen. Große Teile unseres Volkes haben sich weit davon entfernt. Dennoch leben sie in der abendländischen Welt, in der die christlichen Werte zwar für gut befunden werden, nach denen aber nicht unbedingt gelebt wird. Der materielle Wert wir übergewichtet, das Zauberwort »Wirtschaftswachstum« ist in aller Munde. Man glaubt daran oder glaubt wenigstens denen, die es als Heilsbringer verkünden. Ich stelle mich sicherlich ins Abseits, wenn ich sowohl das Wirtschaftswachstum als solches wie auch seinen Wert in Zweifel ziehe.

Nehmen wir die Fakten zur Kenntnis, wie Notker Wolf fordert.

Zuerst der Export. Es ist fabelhaft, wie das kleine Deutschland sich durch Qualität und Innovation gegen die großen Mächte behauptet. Hier ist ein Wachstum möglich. Wenn ich aber sehe, wie der Export auch von billig importierten und in dann in Deutschland zusammengebauten Einzelteilen profitiert und keiner weiß, wie lange das noch gut geht, fordere ich Nachdenken an.

Im Inland: Abgesehen von einigen Ausnahmen ist in den letzten Jahren die Kaufkraft der überwiegenden Mehrheit der Menschen nicht gestiegen. Wie sollen sie mehr verbraucht haben können? Die jetzt einsetzenden Lohnerhöhungen auf Grund der guten Wirtschaftslage sollen es bringen. Sollen die Menschen nun mehr Autos kaufen, mehr essen und trinken, öfter zum Frisör gehen, überhaupt mehr konsumieren? Manche könnten es. Aber der Gewinn wird zu einem Teil durch Preiserhöhungen absorbiert, an denen klammheimlich einige wenige unproportional viel profitieren. Zum Teil machen die Preiserhöhungen besonders die Bevölkerungsgruppen ärmer, die mit lächerlich kleinen »Lohnerhöhungen« auskommen müssen. Ob das allen klar ist?

Im gebräuchlichen Sinne ist Wachstum jedenfalls nicht die Heilsbotschaft an sich. Jubel bricht aus, wenn mehr Autos die Bänder verlassen. Oder der Umsatz in Gebrauchsgütern steigt. Das können rechnerische Irrungen sein, weil die Geldmenge nicht steigen sollte. Ein »mehr« hier kann ein »weniger« dort bedeuten.

Zu bedenken ist, dass der Müllberg steigt, die Bodenschätze schwinden.

Der Umsatz im Inland kann nur steigen, wenn die Ersparnisse aufgebraucht oder Schulden gemacht werden. Soll dies eine gute Lösung sein? Die zunehmende private Verschuldung mit einer vermutlich hohen Dunkelziffer stimmen nachdenklich.

Vielleicht können wir doch wachsen. Wachstum in Qualität der Produkte. Besseres Klima am Arbeitsplatz und im Zusammenleben. Bessere Bedingungen für die Jungen und für die Alten, bessere Honorierung für die Mütter und mehr Verständnis für die Behinderten. Wachstum in Toleranz und Integration der ausländischen Mitbürger. Wobei ich allerdings auch Gegentoleranz einfordere.

Vor allem Wachstum in der Besinnung auf unsere christlichen Werte soll unser Ziel sein. Befolgen der 10 Gebote und der Bergpredigt, in der Jesus Christus sagte: »Alles nun, was ihr wollt, das euch die Menschen tun, sollt ebenso auch ihr ihnen tun«.

Ich nenne noch mehr:

Wachstum der Hoffnung, Glauben zu finden
Wachstum der Zufriedenheit
Wachstum der Liebe untereinander
Wachstum zu mehr Gemeinsinn
Wachstum in weniger Egoismus
Wachstum in weniger Angst vor der Zukunft
Wachstum der Verlässlichkeit
Wachstum der gerechten Chancen der Bildung
Wachstum in gegenseitiger Achtung und Toleranz
Wachstum in mehr Miteinander am Arbeitsplatz und zu Hause
Wachstum im Verzicht auf zerstörende Drogen
Wachstum des Verzichtes auf Neid
Wachstum in mehr Qualität anstelle von Quantität
Wachstum in weniger Zerstörung der Erde
Wachstum in Sparsamkeit im Verbrauch der Schätze der Erde
Wachstum in Erfindergeist
Wachstum in Ehrlichkeit und Fairness

Setzen wir uns das Ziel, unsere Welt zu verbessern. Charlie Chaplin hat in dem Film »Der große Diktator« eine flammende

Rede gegen die Diktatur gehalten. Wir haben sie gottlob nicht in unserem Land. Aber wir haben genug heimliche Manipulation, sodass seine Worte zum großen Teil noch heute gelten. Ich will aus der Rede einige Aussagen zitieren:

»In dieser Welt ist Platz für jeden und sie ist reich genug, jeden satt zu machen.

Die Habgier hat das Gute im Menschen verschüttet

Im 17.Kapitel des Evangelisten Lukas steht: Gott wohnt in jedem Menschen

Zuerst kommt die Menschlichkeit und dann erst die Maschine.

Lasst uns kämpfen für eine schönere und gerechtere Welt«.

Unserer großer Philosoph Immanuel Kant hat gesagt: «Handle so, dass die Maxime deines Willens jederzeit zugleich als Prinzip einer allgemeinen Gesetzgebung gelten könn(t)e«.

Und er erklärt: »Ich kann, weil ich will, was ich muss«.

Damit komme ich zurück auf den Beginn des Kapitels: Formt selbst euer Schicksal. »Gebt nicht die persönliche Verantwortung an der Garderobe des Staates ab« (Notker Wolf).

Mein Zauberwort war immer Gelassenheit. Zufriedenheit heißt auch Glück. Das darf aber nicht dazu führen, die Zufriedenen für dumm zu verkaufen.

K. Nachwort

Ohne die Wahrnehmung der gesellschaftlichen und politischen Entwicklung wäre dieses Buch nicht entstanden. Die
Medien der unterschiedlichsten Art schildern die Gescheh-
nisse, jeder auf seine Art. Meistens einleuchtend, manchmal
sehr subjektiv, immer engagiert. Der tägliche Einsatz der Jour-
nalisten, ihr Instinkt für Wichtiges und Interessantes und ihre
Aktualität erstaunen mich immer wieder.

Viele Autoren haben, mit etwas mehr Abstand vom Tages-
geschehen, wunderbare Bücher geschrieben. Darin haben sie
ihre eigene Lebenserfahrung, ihre Sichtweise und ihre Beur-
teilungen festgelegt und zur Diskussion gestellt. Sie wurden
für mich eine Quelle, aus der ich schöpfen konnte für mein
eigenes Buch.

Allen voran möchte ich Dr. Hans – Jochen Vogel stellen, der
Vorbild für Anständigkeit ist und dies in seinem Buch »Politik
und Anstand« geschildert hat.

Notker Wolf (»Worauf warten wir«) hat eindrücklich die persönliche Freiheit gefordert, um unsere Zukunft gestalten zu
können.

Hans-Herrman Gockel (»Deutschland, die überstrapazierte
Nation«) klärt über Hintergründe der Immigration auf und
mahnt, die Probleme nicht zu verniedlichen.

Peter Hahne (»Schluss mit lustig«) fordert mehr Ernsthaftig-
keit und Leute mit Visionen.

Aldous Huxley (»Schöne neue Welt« und viele Jahre später
»Wiedersehen mit der schönen neuen Welt«) bietet eine be-
stechende Analyse der Gegenwart.

Karl Lauterbach (»Der Zweiklassenstaat«) geißelt das unge-
rechte Bildungs- und Sozialsystem.

Christa Meves hat mein Buch mit einem eigenen Beitrag bereichert.

Ich kann nicht alle nennen. Die lange Reihe anderer Autoren würde beginnen mit Gunnar Heinsohn und würde über Peter Haisenko bei Al Gore enden.

Mein Buch ist ein Schmelztiegel: Lernen von anderen, nicht in allem zustimmend. Dann alles auf die Waage stellen und zusammen mit eigenen Erfahrungen und Vorstellungen Schlüsse ziehen. So endet mein Buch doch noch mit einer Danksagung: Dank an alle, die recherchiert und formuliert haben und dadurch das möglich gemacht haben, was ich an Folgerungen ziehen durfte.

Max spricht mit seinem Opa
über Zeitfragen, Lösungsvorschläge und Werte

Lutz Osterwahl

Dies ist ein Buch, das für junge Menschen in unserer Republik sehr nützlich sein kann, denn es ist von Einsicht und Durchblick gekennzeichnet, und gerade das brauchen die jungen Menschen heute ganz besonders.

Christa Meves
Vorsitzende des Vereins
»Verantwortung für die
Familie e.V.« und Autorin

Ein engagiertes Buch eines Autors, der nicht aufgibt und daran glaubt, dass Menschen kritisch denken und Wege für die Zukunft finden können. Der Dialog zwischen Opa und Max macht es zu einer Art »Mehr-Generationen-Projekt«, und nicht nur das: Die Dialogform macht das Buch spannend und regt zum Mitdenken an.

Notker Wolf
Abtprimas des Benediktinerordens in Rom

Pro BUSINESS Verlag
148 Seiten, 2006
ISBN-10: 3-939533-47-5